Der Wissenschaftscharakter der Jurisprudenz.

Zugleich ein Einblick in Strömungen moderner Rechtswissenschaft nebst einigen grundsätzlichen Erörterungen.

Von

Amtsrichter Dr. Hermann Marx.

Zweite, verbesserte Auflage.

Berlin 1919.

J. Guttentag, Verlagsbuchhandlung, G. m. b. H.

Vorwort zur ersten Auflage.

Gegenüber mannigfachen anderen Ansichten in der modernen Rechtswissenschaft soll durch vorliegende Abhandlung die Überzeugung vom Vorhandensein fester, wissenschaftlich erfaßbarer, unverrückbarer Grundlagen für das Recht und dessen Anwendung gestärkt werden. Besonders auch den Rechtsbeflissenen an den Universitäten möge es ein kleiner Wegweiser durch die Fülle von Meinungen werden, die je nach der Stellungnahme des einzelnen zu ihnen durch Schlagworte wie „überlebte Begriffsjurisprudenz, Scholastizismus, gemeinschädliche Konstruktionsjurisprudenz, Interessenjurisprudenz, Freirechtsschule, soziales Recht, richtiges Recht, naturwissenschaftliche Methode der Rechtsfindung und Rechtsanwendung" usw. gekennzeichnet werden. Möchte manchem Leser klar werden, daß es für uns Menschen absolute Wahrheiten gibt, die durch keine Kritik ins Wanken zu bringen sind. Dies darzutun ist besonders nötig gegenüber Bozis vielgerühmtem Werke „Die Weltanschauung der Jurisprudenz", nach dem jegliche Wissenschaft nur als die Henneberg'sche „Jagd nach dem Glück" aufzufassen ist, die ihr Ziel nie erreichen kann. Bozis Schrift muß zudem für viele, die in der Philosophie nicht einigermaßen bewandert sind, in manchem ein Buch mit sieben Siegeln sein. Deshalb ist in Kapitel 2 das Wesen des menschlichen Wissens eingehend erörtert worden.

Regen die Zeilen der Abhandlung zum anhaltenden Nachdenken über das innerste Wesen, die sicheren Grundlagen und die hohe Aufgabe des Rechts im modernen Staatswesen an, so dürfte ihr Zweck verwirklicht werden können.

Hilders (Rhön), im Mai 1918.

Der Verfasser.

Inhaltsverzeichnis.

§ 1.

Verschiedene Ansichten über die Jurisprudenz. Die Anwendung moderner naturwissenschaftlicher Anschauungen auf die Rechtswissenschaft; das Eindringen der Ansichten Kants in sie.

Es mag zunächst als ein etwas gewagtes und undankbares Unternehmen erscheinen, über den Wissenschaftscharakter der Jurisprudenz, d. h. über die Jurisprudenz als selbständige Wissenschaft und ihre wissenschaftlichen Eigenschaften überhaupt zu schreiben; hat man sich doch in weiten Kreisen daran gewöhnt, die Jurisprudenz, den „Niederschlag des gesunden Menschenverstands in Dingen des Rechts" (v. Jhering), wenn auch nicht gerade als ein jedem erlernbares Handwerk, so doch wenigstens als eine nicht allzuschwere Technik, als eine einigermaßen geübt sein wollende Unterstellung von Tatbeständen unter gegebenen Gesetzesparagraphen zu betrachten. Es ist ja auch durchaus nicht zu verwundern, daß sich solche Anschauungen festsetzen konnten; denn der Jurisprudenz ist es fast zu allen Zeiten beschieden gewesen, von hervorragenden Persönlichkeiten in ihrem tieferen Gehalte angezweifelt und in ihrer ganzen Bedeutung herabgemindert zu werden. So bezeichnet beispielsweise schon Cicero in seiner Rede pro Murena die Jurisprudenz als eine „tenuis scientia", eine schwächliche Wissenschaft, der irgendwelche dignitas (Würde) nicht zukommen könne; er begründet dies damit, daß er sagt: „res enim sunt parvae, prope in singulis litteris atque interpunctionibus verborum occupatae" (Die Kenntnisse [aus denen die Wissenschaft der Rechtsgelehrten besteht] sind kleinlich, fast auf einzelne Buchstaben und Unterscheidungszeichen für die Worte verwandt). Man könnte eine ganze Reihe ähnlicher Äußerungen anderer hervorragender Persönlichkeiten aus fast allen Zeiten zusammenstellen; der Jurist galt und gilt eben stets mehr oder weniger als Buchstabengelehrter, der in einer oft recht spitzfindigen Weise an gesetzlichen Bestimmungen herumdeutelt, dessen ganze sogenannte Wissenschaft sich bei Einfachheit der zu behandelnden Materie in künstlichen Konstruktionen erschöpft. Mit solchen Anschauungen verbindet sich dann naturgemäß der in den letzten Jahren so besonders häufig hervorgetretene Vorwurf der Weltfremdheit der Richter, die dem praktischen Leben angeblich nur sehr schwer gerecht werden können. Sogenannte wissenschaftliche Richter möchte man vielfach nach Möglichkeit von der Rechtsprechung ausgeschaltet wissen und kommt immer mehr auf Anschauungen zurück, wie sie merkwürdigerweise sogar einmal ein Fachjurist, nämlich der preußische Staatsanwalt von Kirchmann, in einem im Jahre 1848 von ihm in Berlin gehaltenen, größtes Aufsehen erregenden Vortrag, betitelt „Die Wertlosigkeit der Jurisprudenz als Wissenschaft", niedergelegt hat. v. Kirchmanns später im Buchhandel erschienene Abhandlung gipfelt nämlich in dem Satze: „Die Nation ist der wissenschaftlichen Juristen überdrüssig." Als Grund wird die Wertlosigkeit der Jurisprudenz als Wissenschaft angegeben und zu beweisen versucht. Wissenschaft, führt v. Kirchmann aus, solle Wahrheiten aussprechen, die Rechtswissenschaft habe aber keine Wahrheiten. „Irrtümer, falsche Gesetze haben auch andere Wissenschaften, aber ein leuchtender Blick des Genies und der Irrtum schwindet wie die Nacht vor der Sonne. Nur die Rechtswissenschaft trägt die Schmach, trotz besserer Einsicht, noch Jahrhunderte lang, dem Irrtum dienen, den Unverstand ehren zu müssen." Die Rechtswissenschaft soll nach v. Kirchmann schon deshalb keine Wahrheiten besitzen können, weil sie nicht frei zu forschen vermöge, sondern der Willkür zu gehorchen habe, von den Ansichten des jeweiligen Gesetzgebers abhängig sei. Ein sehr bekannt gewordener Satz v. Kirchmanns lautet: „Ein Federstrich des Gesetzgebers — und Bibliotheken werden Makulatur." „Was ist", sagt v. Kirchmann, „der Inhalt aller jener Kommentare, Exegesen und Monographien, Quästionen und Meditationen, jener Abhandlungen und Rechtsfälle? Nur ein kleiner Teil hat das natürliche Recht zu seinem Gegenstande, $^9/_{10}$ und mehr haben nur mit Lücken, Zweideutigkeiten, Widersprüchen, mit dem Unwahren, Veralteten, Willkürlichen der positiven Gesetze zu tun". Nach v. Kirchmann weigert sich vielfach selbst das Genie unter den Juristen nicht, dem Unverstande zu dienen, zu dessen Rechtfertigung all seinen Witz, all seine Gelehrsamkeit aufzubieten. „Die Juristen", sagt er, „sind durch das positive Gesetz zu Würmern geworden, die nur von dem faulen Holze leben; von dem gesunden sich abwendend, ist es nur das kranke, in dem sie leben und weben. Indem die Wissenschaft das Zufällige zu ihrem Gegenstande macht, wird sie selbst zur Zufälligkeit, aus einer Priesterin der Wahrheit wird sie zu einer Dienerin des Zufalls, des Irrtums, der Leidenschaft, des Unverstandes. Statt des Ewigen, Absoluten wird das Zufällige, Mangelhafte ihr Gegenstand. Aus dem Äther des Himmels sinkt sie in den Morast der Erde." Mehr, als es hier durch v. Kirchmann geschehen, kann die Jurisprudenz als Wissenschaft nicht herabgesetzt werden.

Gegen v. Kirchmanns Vortrag, in dem folgerichtig das Laienelement in der Rechtsprechung sehr befürwortet wurde, erschienen denn auch alsbald nach dessen Bekanntwerden drei Schriftchen. Zunächst schrieb ein Dr. Retsag eine „Apologie der Jurisprudenz", die sich aber im wesentlichen in Phrasen ergeht; dann erschien eine „Kritik der Schrift des Staatsanwalts v. Kirchmann über die Wertlosigkeit der Jurisprudenz als Wissenschaft von einem Lehrer dieser Wissenschaft" (Rudorff), die sich durch große Heftigkeit hervortut; schließlich trat Stahl mit der Abhandlung „Rechtswissenschaft oder Volksbewußtsein? Eine Beleuchtung des von Herrn Staatsanwalt v. Kirchmann gehaltenen Vortrags über die Wertlosigkeit der Jurisprudenz als Wissenschaft" vor [1]). Nach Stahl ist nun das Objekt der Jurisprudenz kein anderes als das positive Recht und demgemäß „auch ihre wissenschaftliche Aufgabe keine andere, als dieses in seinem Zusammenhange und seinem Geiste (seinen bestimmenden Prinzipien) darzustellen"; hierin soll deshalb ihr Wert als Wissenschaft ganz unabhängig davon bestehen, ob das positive Recht und seine wissenschaftliche Darstellung ein Gewinn für das Leben ist. Gegenüber der v. Kirchmann'schen

[1]) Berlin 1848, Verlag von Albert Förstner, ein Abdruck aus dem Janus — Heft 4 — (1848).

Befürwortung des Laienelementes in der Rechtsprechung hebt Stahl treffend hervor, daß für viele wichtige Dinge gar kein rechtliches Bewußtsein des Volkes, kein Recht, das im Volke lebt, existiert. „Das ist", sagt er, „von vornherein ein Vorurteil, daß das jeweilige Volksurteil das überlieferte positive Recht übertreffe. Haben doch schon die alten Schöffen nicht nach ihrem „gesunden Sinne", sondern nach Gewohnheit und Herkommen, also nach einem fixierten positiven Recht gesprochen". — Die sehr anregend geschriebene Abhandlung Stahls ist leider schon fast völlig der Vergessenheit anheimgefallen. Sie hat im übrigen das weitverbreitete mißfällige Urteil über die Jurisprudenz nicht zu mildern, geschweige denn zu beseitigen vermocht. Die Jurisprudenz wird heutzutage sogar fast mehr denn je in wissenschaftlicher Beziehung über die Achsel angesehen. So hat sie auch Houston Stuart Chamberlain in seinem Werke „Die Grundlagen des XIX. Jahrhunderts" wieder stark angegriffen. Chamberlains Ansicht sowie einige andere neuere Äußerungen über das Wesen der Jurisprudenz sollen hier noch kurz wiedergegeben werden, um ein klares Bild davon zu liefern, was für Gesichtspunkte in der vorliegenden Abhandlung besonders zu berücksichtigen sind. — Nach Chamberlain, der das Recht einmal (S. 163 der Volksausgabe) als „Willkür an Stelle von Instinkt in den Beziehungen zwischen den Menschen" definiert, ist die Jurisprudenz lediglich eine Technik. Rechtssätze werden, führt Chamberlain S. 157, 158 a. a. O. aus, zunächst aus der Beobachtung von wechselnden, widersprechenden, nirgends fest abzugrenzenden Anlagen, Gewohnheiten, Sitten und Meinungen gewonnen, und die Jurisprudenz als Disziplin muß sich der Natur der Dinge nach darauf beschränken, das Vorhandene fester zu formulieren, genauer zu fassen, durch Zusammenstellung übersichtlich zu gestalten, und — vor allem — durch feinste Analyse genau zu gliedern und praktischen Bedürfnissen anzupassen. „Das Recht", sagt er, „ist, wie der Staat, eine menschliche, künstliche Schöpfung, eine neue systematische Anordnung der durch die Natur des Menschen und durch seine gesellschaftlichen Instinkte gegebenen Bedingungen. Die Fortschritte der Jurisprudenz bedeuten also keineswegs eine Zunahme des Wissens (was eine Wissenschaft doch bewirken muß), sondern lediglich eine Vervollkommnung der Technik; das ist aber sehr viel und kann hohe Gaben voraussetzen. Ein in großen Mengen vorhandener Stoff wird nunmehr in konsequenter Weise und mit steigender Kunstfertigkeit vom menschlichen Willen dem menschlichen Lebenszweck gewidmet." Seite 159 erklärt sodann Chamberlain: „Die Wurzel vid bedeutet im Sanskrit „finden"; soll die Sprache nicht zu farbloser Mehrdeutigkeit erblassen, so müssen wir dafür sorgen, daß eine Wissenschaft immer ein Finden bezeichne. Ein Finden setzt nun zweierlei voraus: erstens einen Gegenstand, der ist und besteht, ehe wir ihn finden, zweitens die Tatsache, daß dieser Gegenstand noch nicht gefunden und aufgedeckt wurde; beides trifft für die Jurisprudenz nicht zu; denn Recht gibt es erst, wenn die Menschen es machen, es existiert nicht als Gegenstand außerhalb unseres Bewußtseins; außerdem deckt die Rechtswissenschaft nichts anderes auf, findet sie nichts anderes als sich selbst. Daher hatten diejenigen unter den Alten vollkommen Recht, die, anstatt von einer juris scientia zu reden, lieber juris notitia, juris peritia, juris prudentia sagten, also etwa: Kenntnisse, Geschick, Erfahrung in der Handhabung des Rechts." Chamberlain meint schließlich, als Technik sei die Jurisprudenz jedem noch so unbegabten Menschen erlernbar, wenn er nur einiges Geschick besitze. Gegen diese letzte Ansicht hat sich bereits Rumpf in seiner auch für Laien bestimmten, in Buchform erschienenen Vortragssammlung „Volk und Recht" S. 99 ff. gewandt. „Das bischen Handwerkskram und Handfertigkeit", erklärt er, „reicht wirklich nicht allein aus! Ohne Charakter, ohne sittlichen Fond kann man wohl ein juristischer Wortheld und Spiegelfechter werden, aber doch eben kein Jurist. Aber auch der gute Charakter im Verein mit guter Denkkraft reichen noch nicht aus. Es gibt vortreffliche gute Menschen, die in anderen Berufen nachher Vortreffliches leisten, die aber als Juristen völlig versagen: Ihnen geht in erster Linie die höchstpersönliche Fähigkeit des juristischen Wertens und Wägens, die zusammenfassende Kraft, die Kraft des Entschlusses im richtigen Momente, nicht vorschnell, aber auch nicht ewig zaudernd, ab — alles Fähigkeiten, die eben doch nicht in den Fingerspitzen stecken". Im übrigen läßt auch Rumpf die Jurisprudenz, die er lediglich als eine Ordnung bezeichnet, nicht als eine wirkliche Wissenschaft gelten, möchte sie im Gegenteil sogar als eine „Unwissenschaft" aufgefaßt sehen (vgl. S. 94 a. a. O.) und wundert sich S. 97, daß es v. Kirchmann nicht gelungen ist, der wissenschaftlichen Jurisprudenz den Todesstoß zu versetzen. „Nicht nur", sagt Rumpf, „daß v. Kirchmann dasjenige deutlich herausgehoben hat, was vom Rechte und von der Jurisprudenz nicht und nimmermehr in eine Wissenschaft eingehen kann, das Relative, Opportunistische, ja Willkürliche, was mit allem positiven Rechte und seiner Anwendung nun einmal für immer vermacht ist; er hat auch den positiven Kern des Rechts und der Rechtsanwendung erkannt und weiß ihn hochzuschätzen. Nur sieht er diesen Kern noch im Rechtsgefühl, während wir Neueren die Funktion des Rechtsgefühls für Gesetzgebung und Rechtsanwendung, von dem v. Kirchmann selbst treffend sagt, daß es nie und nirgends ein Kriterium der Wahrheit sei, gern zu bewußten Werturteilen und Willensentscheidungen erheben und klären möchten. Aber letzthin ist es doch wieder v. Kirchmanns und unsere gemeinschaftliche Überzeugung, wenn v. Kirchmann sagt, daß „der Gegenstand der Jurisprudenz nicht bloß im Kopfe, sondern auch in der Brust des Menschen seinen Sitz hat, und daß gerade dieser Umstand, so tötlich er für den Wissenschaftscharakter der Jurisprudenz ist, vielleicht den höchsten Wert des Rechts und der Beschäftigung damit ausmacht" (Rumpf S. 97, 98). — Rumpf will dann weiter die Jurisprudenz nicht nur nicht als selbständige Wissenschaft gelten lassen, sondern er spricht ihr sogar S. 91 ff. die Wissenschaftlichkeit überhaupt ab. Die „Unwissenschaftlichkeit der Jurisprudenz" begründet er damit, daß wegen der Unentbehrlichkeit subjektiv gefärbter Werturteile und Willensentscheidungen für den Richter und den Gesetzgeber von einer Allgemeingültigkeit ihres Denkens nicht die Rede sein könne. — Auch das rechtstheoretische Denken soll der Jurisprudenz nicht den Charakter einer Wissenschaft verleihen können. „Man kann", sagt Rumpf S. 112 ff., „statt im Recht und in der Rechtsanwendung die praktische Ordnungsaufgabe zu betonen, oder statt darin vorzüglich die Aufgabe der Deutung der Rechtsnormen zu sehen, die Rechtsnormen sowohl wie das Rechtsleben und seine „Erscheinungen" kühl und rein theoretisch betrachten und erforschen als etwas, was ist, also den Seinsgehalt des Rechtes erforschen statt seines Geltungscharakters". „Wer so verfährt", meint er, „kann viel eher als der deutende oder gar als der ordnende Jurist hoffen, objektiv richtige Ergebnisse zu erzielen, er kann mit Fug behaupten, daß seine Arbeitsweise wissenschaftlicher ist als die manches Geschichtsschreibers". Man solle aber, sagt Rumpf weiter, den Wert der Tatsache, daß sich auf eine solche Weise auch in der Jurisprudenz wissenschaftlich denken lasse, nicht zu sehr überschätzen, man solle lieber auf der Hut sein, daß einem nicht auf der Jagd nach solcher Wissenschaftlichkeit jegliche Fühlung mit dem Rechtsleben verloren gehe. Es ließen sich in dieser reinen Luft, hoch über den Niederungen der praktischen Rechtsanwendung, Wahrheiten finden von ziemlich strenger Objektivität. Man solle aber nicht übersehen, wie formal, wie blutleer das Denken in dieser Höhe der Abstraktion geworden sei. Es seien im besten Falle diplomatische Wahrheiten, die sich dem Forschenden offenbarten.

Als scharfer Gegner Chamberlains und zugleich entschiedener Verfechter der Jurisprudenz als Wissenschaft ist sodann Mathieu Schwan in einer kleinen Abhandlung in der Deutschen Juristenzeitung 1902 S. 513 ff. aufgetreten. Er wirft die Frage auf: „Was macht ein Wissen zur Wissenschaft?" und beantwortet sie dahin: „Die Verknüpfung des Allgemeinen mit dem Besonderen, die Fähigkeit, aus der Erfahrung zu abstrahieren, die Herausbildung der Begriffe aus den einzelnen Erscheinungen, die Zusammenfassung dieser unter Begriffe, die Auffindung der Typen, die Entdeckung der Arten und Gattungen, also die methodische Ein- und Unterordnung des einzelnen." „Das alles", sagt Schwan dann weiter, „tat der Römer auf dem Gebiete des Rechtslebens. Er schuf also eine Wissenschaft .... Die Jurisprudenz handelt auch so, wie echte Wissenschaft dies tut, indem sie das durch Erfahrung und Leben vermehrte Wissen begrifflich und methodisch zu ordnen versucht."

Schließlich hat auch Nußbaum in seiner Abhandlung „Aufgaben und Wesen der Jurisprudenz" (Wolffs Zeitschrift für

Sozialwissenschaft, Band 9 S. 16) letztere eingehender zu charakterisieren versucht. Nußbaum hält die Jurisprudenz wieder für eine Technik, hat dabei aber ähnlich wie Stahl nur die den Inhalt des objektiven Rechts entwickelnde sog. „dogmatische Jurisprudenz" im Auge. Nach ihm ist nämlich nur diese die Jurisprudenz im eigentlichen Sinne und nicht etwa die Lehre vom Recht schlechthin, da das Recht auch in einer großen Anzahl anderer Disziplinen, z. B. in der Volkswirtschaftslehre, der Verwaltungswissenschaft, der Philosophie, der Geschichte (hier besonders des Staatsrechts), der Ethnologie, der Politik usw. eine Rolle spielt und man bei der Prüfung vieler das Rechte zustande bringender Faktoren auf diese Disziplinen angewiesen ist. — Daß und warum die Nußbaum'sche Begriffsbestimmung der Jurisprudenz (die ihr zugrunde gelegte Abgrenzung ihres Arbeitsgebietes auf die sog. dogmatische Rechtswissenschaft, die „formale Betrachtung des Rechts auf seinen Inhalt hin") falsch ist, wird später eingehend erörtert werden. Jetzt sei nur darauf hingewiesen, daß sie auch schwer vereinbar mit der Auffassung der großen römischen Juristen ist. Im Anfang der Institutionen Justinians (§ 1 Inst. 1, 1) wird nämlich die Jurisprudenz als „divinarum atque humanarum rerum notitia, justi atque injusti scientia" erklärt, und Ulpian sagt im Eingange der Pandekten, daß die Jurisprudenz eine „vera, non simulata philosophia", eine wahre, keine Scheinphilosophie sei. Diese sehr überschwänglich erscheinenden Definitionen der sonst so trockenen Römer wird allerdings wohl mancher zunächst mit stärksten Zweifeln entgegennehmen. Trotzdem steckt viel Zutreffendes in den Äußerungen, und es dürfte ganz lehrreich sein, dies des näheren darzulegen. Zur Abfassung vorliegender Abhandlung liegt aber noch eine ganz besondere Veranlassung vor.

Die Jurisprudenz befindet sich nämlich z. Z. in einem gewissen Gärungsstadium. Bestimmte Anschauungen der in vieler Beziehung machtvoll aufgeblühten Naturwissenschaft und die andererseits gerade in den letzten Jahrzenten wieder zunehmende Hinwendung zum Studium der Philosophie haben auch die Rechtswissenschaft in denkbar stärkstem Maße beeinflußt, jedoch keineswegs immer zu ihrem Besten. Auf Grund teilweise recht einseitiger naturwissenschaftlicher Hypothesen und unvollkommener philosophischer Studien hat sich auch ein großer Teil oft recht namhafter Juristen seine eigene Weltanschauung gebildet, die er dann in ihren äußersten Konsequenzen auch auf die Behandlung der Rechtswissenschaft anwendet. Dies zeigt sich in vielen neueren Werken, und zwar nicht nur in mehr rechtsphilosophischen, sondern auch in solchen, die auf die praktische Handhabung des Rechts abzielen und demgemäß die sog. Kunst der Rechtsanwendung behandeln. Auch in diesen Werken spiegelt sich unsere vielfach von Skeptizismus und Kritizismus zerissene Zeit wieder. Endlich droht auch die Gesetzgebungspolitik — zunächst glücklicherweise nur die theoretische — mancherorts in extrem naturwissenschaftliches Fahrwasser zu geraten. Hat doch schon der verstorbene Großindustrielle Krupp eine ziemlich bedeutende Summe zu Preisen für die beste Erörterung der Frage ausgesetzt: „Welchen Einfluß hat die Deszendenztheorie auf die innere Gesetzgebung und politische Entwickelung der Staaten?" Unter dem Gesamttitel „Natur und Staat" sind die Schriften erschienen [1]), die von dem Schiedsgericht (bestehend aus einem Zoologen, einem Nationalökonomen und einem Historiker) mit Preisen ausgezeichnet sind. Kritisiert worden sind die Schriften von einer ganzen Reihe von Gelehrten, insbesondere auch von hervorragenden Anthropologen (de Lapouge, Ammon); von Juristen hat sie besonders Kuhlenbeck in der Polit. Anthropologischen Revue III Nr. 7 besprochen. Näher soll auf diese Schriften nicht eingegangen werden; es mag genügen, hiermit darauf hingewiesen zu haben, daß nach dem Standpunkt des an erster Stelle preisgekrönten Dr. Schallmeyer das einzige wissenschaftlich ersichtliche Ziel der Kulturentwickelung eigentlich nur die Verwirklichung möglichst großer Quantität organischen Lebens ist. Derartig einseitige materialistische Auffassungen kommen natürlich nur in einer kleinen Anzahl von rechtswissenschaftlichen Schriften klar zum Ausdruck; vertreten sind sie aber — meist in gemildeter Form — doch in ziemlich weiten Kreisen. Daher hat sich auch bereits Kuhlenbeck in seinem Werke „Die

[1]) Verlag von Fischer, Jena.

natürlichen Grundlagen des Rechts und der Politik" veranlaßt gesehen, gegen jegliche rein materialistisch-naturwissenschaftliche Reform der Rechtswissenschaft und Gesetzgebung ganz energisch zu protestieren[1]). Er wendet sich vor allem gegen die Geschichts- und Rechtsphilosophen, die in geschichtlichen Entwickelungen nichts anderes als Naturprozesse erblicken und dabei die Eigengesetzlichkeit des menschlichen Handelns völlig verkennen. Auf diese letztere immer wieder mit besonderem Nachdrucke hinzuweisen, liegt zur Zeit nur zuviel Veranlassung vor. Die naturwissenschaftliche Entwickelungstheorie ist nachgerade wie selbstverständlich auch auf so ziemlich alle Geisteswissenschaften ausgedehnt, auf sie und in ihnen angewandt worden. So versucht beispielsweise Bozi in seiner Schrift „Die natürlichen Grundlagen des Strafrechts"[2]) letzteres darwinistisch aufzubauen. S. 49 a. a. O. wird dargelegt, daß es Aufgabe der geklärten Wissenschaft sein werde, den Schuldbegriff durch ein Prinzip zu ersetzen, das der modernen Weltanschauung gerecht wird. Zu Ende des § 9 sagt Bozi sodann, es komme darauf an, „nachzuweisen, daß die Strafrechtspflege ein der Durchführung der Naturgesetze dienender Faktor ist; oder vom Standpunkt unserer konkreten Aufgabe aus einem die ganze Natur beherrschenden Prinzip die Erscheinungen des Strafrechts zu erklären, sowohl die gegenwärtigen wie die vergangenen". Dieses Prinzip, nämlich das der natürlichen Auslese, soll auch die bisherige positive, humanitäre Richtung übersehen haben. Ähnliche, z. T. wohl noch schroffere Ansichten hat Bozi in den „Annalen der Naturphilosophie", herausgegeben von Wilhelm Ostwald, (1902, Bd. I, S. 14 ff.) in einem Aufsatz „Recht und Kulturwissenschaft" vetreten[3]). Von Bozi ist dann

[1]) S. 15 ff. a. a. O.

[2]) Stuttgart 1901, Verlag von Friedrich Enke.

[3]) Wenn solche Anschauungen von philosophisch ungeschulten Personen aufgegriffen werden, die sich andere als naturwissenschaftliche Zusammenhänge nicht denken können, dann entstehen Schriften, bei denen ganz ungenaue Bilder, die nach dem Vorbilde Spencer'scher Sozialphilosophie aus der Biologie entnommen werden, die Hauptrolle spielen und wissenschaftliche Exaktheit nicht aufkommen lassen. Das gilt insbesondere auch von den Schriften von Gumplovicz, der

weiter das vielfach als epochemachend bezeichnete Werk „Die Weltanschauung der Jurisprudenz“ erschienen. In dieser Schrift tritt unter anderem auch der Einfluß des kantischen Kritizismus oder auch wohl des kritischen Positivismus deutlich hervor. Nach dieser philosophischen Anschauung, die jenseits der Sinneserfahrung gar nichts gelten läßt, sollen die Dinge an sich, in ihrer wirk-

auch den wissenschaftlichen Charakter der Jurisprudenz in denkbar stärkster Weise diskreditiert hat. — Im übrigen sei hier noch bemerkt, daß die moderne Entwickelungstheorie an starken Übertreibungen und unzulässigen Verallgemeinerungen krankt. Vor allem darf man die Grundsätze tierischer Entwickelung nicht ohne weiteres auf die menschliche Entwickelung übertragen. Denn für die tierische Entwickelung ist doch die Natur der Tierseele, für die menschliche Entwickelung das Wesen der menschlichen Seele ausschlaggebend. Beide Seelenvermögen sind aber grundverschieden. Eine unsinnliche, geistige Tätigkeit, wie die menschliche, erfordert eine übersinnliche, geistige Ursache, also unbedingt eine geistige Seele. Eine solche kann nicht aus rein körperlichen Wesen entstehen, sich auch nicht allmählich entwickeln; denn dann wäre das Kausalitätsgesetz, das Denkgesetz vom hinreichenden Grunde, hinfällig, was nach späteren Darlegungen in dieser Abhandlung nicht der Fall sein kann. Aus der Geistigkeit der Menschenseele (vergl. über letztere die Darlegungen Seite 59 ff. unten) ergibt sich auch, daß der Mensch als solcher, als substantielle Vereinigung aus Menschenleib und Menschenseele, nicht vom Tiere abstammen kann (vgl. auch Ude, „Kann der Mensch vom Tiere abstammen?“ — Graz und Wien, Styria 1914). Bezüglich der Frage nach der Möglichkeit der Tierabstammung des Menschenleibs vgl. Ruf, „Wie steht es mit den naturwissenschaftlichen Beweisen für die tierische Abstammung des Menschen?“ (Heft 7/8 des 14. Jahrgangs 1915/16 des „Magazins für volkstümliche Apologetik“) sowie Ude, „Der metaphysische Beweis für die Unmöglichkeit der Tierabstammung des Menschenleibes“ im November-Heft 1916 der Zeitschrift „Natur und Kultur“ (München). Über das Verhältnis zwischen Mensch und Tier vgl. auch Wundt, „Grundriß der Psychologie“ (6. Auflage) S. 339—342 sowie die dort aufgeführte Literatur, insbesondere Wasmann, „Instinkt und Intelligenz im Tierreich“ (1897). — Da in dem durch die menschliche Seele bestimmten menschlichen Handeln Eigengesetzlichkeit obwaltet, kann das starre Prinzip der natürlichen Auslese für die Entwickelung der Menschheit keine alleinige ausschlaggebende Bedeutung haben. — Vgl. auch noch Wasmann, „Die moderne Biologie und die Entwickelungstheorie“ sowie Bateson „Mendels Vererbungstheorien“ (Leipzig und Berlin 1914).

lichen Beschaffenheit, auf keine Weise Gegenstände unseres Bewußtseins werden, uns niemals in irgend einer Erfahrung entgegentreten können; es sollen uns immer nur die Erscheinungen der Dinge gegeben sein. Der Charakter dieser Erscheinungen ist dann wesentlich abhängig von unserer subjektiv geistigen Organisation, die allein die Erscheinungen ja überall vermittelt. Weiter soll aber nicht nur die Art und Weise, wie uns die einzelnen Dinge erscheinen, in unserer Geistesverfassung begründet sein, sondern es soll auch die Art, wie die Dinge unter sich in Zusammenhang zu treten scheinen, in dieser Geistesorganisation ihren Grund finden. In unserer Auffassungsart, in die wir gewissermaßen eingezwängt sind, da sie zu der uns angeborenen Eigenart unseres Geistes gehört, soll beispielsweise der Grund dafür zu finden sein, daß wir die Dinge überall nach Ursache und Wirkung verknüpft denken müssen. Die Dinge sollen stets nur insofern Gegenstand möglicher Erfahrung werden können, als sie sich der geschilderten Auffassung einfügen; ohne diese Auffassung soll keinerlei Erfahrung möglich sein. Andererseits soll sich aber daraus die unbedingte, allgemeine und notwendige Geltung der mit Hilfe dieser Auffassung gewonnenen Grunderkenntnisse für alle Gegenstände möglicher Erfahrung ergeben. Alle diese Grunderkenntnisse stehen alsdann notwendigerweise unter den Kategorien im kantischen Sinne, d. h. den reinen Verstandsbegriffen, also jenen allgemeinsten, unsere geistige Organisation schaffenden Verknüpfungsformen für das Mannigfaltige, das die Sinneswahrnehmung uns in räumlich-zeitlicher Ordnung vorführt. Kant hat in seiner transzendentalen Ästhetik nachzuweisen gesucht, daß sogar Raum und Zeit sich als lediglich subjektive Anschauungsformen darstellen, die sich auf das Ding an sich nicht beziehen, uns keinerlei Aufklärung über das Wesen eines Dinges zu geben vermögen; nach dieser vom kritischen Positivismus aufgegriffenen Ansicht soll es für uns Menschen, die wir kraft unserer Intelligenz stets nur räumlich-zeitlich anschauen können, a priori (d. h. im Sinne Kants: im Wege der Erkenntnis aus den Erkenntnisformen des Subjekts, nicht aus dem Wesen der Sache) unmöglich sein, das Ding an sich zu begreifen. Wir sollen uns darauf beschränken müssen, unsere Vorstellungen in der

Art miteinander in Beziehungen zu setzen, daß ihre Synthese kein bloßer Willkürakt eines einzelnen Individuums, sondern eine notwendige und allgemeine Verbindung ist. — Mehr als formale Wahrheit soll uns nach modern-positivistischer Anschauung das reine Denken und auch die mathematische Konstruktion nicht gewähren können; wir sollen aber doch noch die ihrer Natur nach schwankenden und vielfach ineinander übergehenden Vorstellungen derart fixieren können, daß ihr Inhalt genau bestimmt ist. Alsdann sollen diese Vorstellungen als Elemente in ein objektiv richtiges Urteil eingehen können. Ist die Bedeutung der Elemente eine konstante, so sollen sie in eine feste Verbindung miteinander gebracht werden. Die auf diese Weise logisch bearbeiteten Vorstellungen sollen dann im Gegensatze zu noch rohen Vorstellungen als Begriffe bezeichnet werden [1]. — Auf den allgemeinen Begriff kann auch nach Bozi, der im übrigen größtes Gewicht auf die Entwickelungstheorie legt, die Wissenschaft nicht verzichten; sie soll ihn aber lediglich als einen nur relativen Maßstab für das Besondere bewerten dürfen; „sie darf", sagt Bozi, „dem Besonderen nicht begriffliche Typen aufdrücken, sondern umgekehrt muß sie das Allgemeine an dem Besonderen nachprüfen, und sie muß es fallen lassen, wenn die Prüfung ergibt, daß das allgemein Unterstellte auf das Besondere nicht mehr paßt". Da nach dem Entwickelungsgesetze sich alle Erscheinungen unter wechselseitiger Beeinflussung in steter Veränderung befinden, soll es widersinnig sein, beständige allgemeine Typen zu formen. Auch das fehlerlos konstruierte Allgemeine soll mit der Zeit falsch werden müssen. Dieser Fall soll mit Rücksicht auf die immerwährende Bewegung unter der Einwirkung der in keinem Augenblick stagnierenden Entwickelung schon in dem Augenblick eintreten, wo wir etwas als das Richtige erkannt haben. „Damit muß", folgert Bozi, „an die Stelle der realistischen Auffassung die von der Scholastik verpönte nominalistische treten, daß nämlich das Allgemeine nur eine firmenähnliche Bezeichnung ist ohne objektiv reale Unterlage." Aus der Definition selbst soll über die der Sinnenwelt angehörigen Dinge niemals Klarheit gewonnen werden können. Die absolute Wahr-

[1] Vgl. Brütt, „Die Kunst der Rechtsanwendung" S. 3, 5.

heit soll uns die Natur versagt, gleichzeitig aber dafür gesorgt haben, daß wir mit dem relativ Wahren auskommen. Im Laufe der Kulturentwickelung soll dann entsprechend den wechselnden Vorstellungen stets eine sog. „Wahrheit" durch die andere ersetzt werden. Für die Jurisprudenz ergibt sich nach Bozi hieraus — bei Berücksichtigung des Umstandes, daß zur Zeit die entwickelungstheoretischen Vorstellungen maßgebend sein sollen — vor allem, daß die dringend notwendige Justizreform in erster Linie den Kampf gegen die Begriffstyrannei zu bedeuten habe. Für den Richter soll das Entwickelungsgesetz „mit allen seinen Konsequenzen" an die erste Stelle treten. „Indem die Gesetze sagen, wie das Recht in einem bestimmten Zeitpunkte aufzufassen sei, sind sie", erklärt Bozi, „die festen Punkte, nach denen die Bahn des Rechts zu berechnen ist. Bei den Römern", so fährt er fort, „führte die Einsicht in die Stetigkeit der Rechtsentwickelung zu dem Auslegungsprinzip der aequitas und zu der rechtsbildenden Aufgabe der Magistrate. Das Billigkeitsprinzip gewinnt auch im modernen Rechte offensichtlich an Boden. Eine dem prätorischen Edikte ähnliche Rechtsbildung ist mit dem Staatsgrundsatze von der Trennung der Gewalten allerdings nicht vereinbar: an ihrer Stelle haben wir aber für die Erkenntnis der Rechtsentwickelung eine nicht minder zuverlässige Quelle in dem Zusammenhange der Wissenschaften und der wissenschaftlichen Beobachtung der sozialen und wirtschaftlichen Vorgänge." Besonders die letztgenannte Beobachtung muß man nun freilich für die Gesetzgebungspolitik und unter Umständen vielfach für die Rechtsanwendung — für letztere besonders bei Ergänzung von Lücken des positiven Rechts — verlangen. Aber das ist doch eine Forderung, die ihr Entstehen nicht erst der modernen Entwickelungstheorie verdankt, von der allein jetzt angeblich alles Heil zu erwarten ist, wie Bozi auch in seiner neueren Schrift „Lebendes Recht. Ein Ausblick in die Probleme der Justizreform" wieder mehrfach durchblicken läßt [1]).

[1]) Einen guten Einblick in Bozi'sche Anschauungen bieten übrigens auch die in seinem Werke „Im Kampfe um ein erfahrungswissenschaftliches Recht" (Leipzig 1917) zusammengestellten älteren Aufsätze von ihm aus verschiedenen Zeitschriften usw., insbesondere die

Man ersieht im übrigen aus all den letzten Darlegungen, in welche Abhängigkeit von naturwissenschaftlichen Hypothesen und mannigfach wechselnden Anschauungen die Jurisprudenz vielfach zu geraten droht. Ist aber eine solche Abhängigkeit der Jurisprudenz begründet? Gibt es keinen sicheren wissenschaftlichen Allgemeinbesitz, auf dem auch die Jurisprudenz zweifellos sicher fußen und sich sodann unter Berücksichtigung aller anderen Wissenschaften als im übrigen selbständige Wissenschaft frei enfalten kann?

Aufsätze Nr. 5 („Über den Einfluß der Naturwissenschaften auf das Recht") und Nr. 13 („Die Methode der Rechtsprechung"). Nach Bozi sollen sich die Juristen mangels naturwissenschaftlicher Vorbildung von der Möglichkeit einer Verbindung ihrer Wissenschaft mit den Naturwissenschaften keinerlei Vorstellung machen können. Bozi versucht es nun, diesem Mangel etwas abzuhelfen. Hier eine Probe von ihm aus S. 53 a. a. O.: „Nach dem naturwissenschaftlichen Energiegesetz beruht alles Geschehen in der Welt auf einem Umsatz von vorhandenen Energien und jeder neue Zustand ist durch den vorhergehenden bedingt. Daraus folgt zunächst, daß es eine Willensfreiheit im Sinne des liberum arbitrium indifferentiae nicht gibt und daß die Bestimmungen im § 104 Ziff. 2 des B. G. B. und des § 51 St. G. B. von dem „die freie Willensbestimmung ausschließenden Zustand krankhafter Störung der Geistestätigkeit" lediglich als eine Störung der Bewußtseinsvorgänge infolge anormalen Energieumsatzes zu verstehen sind. Des weiteren ist das gesamte Handeln des Menschen als ein durch die Außenwelt und die eigene Körperbildung bedingter Energieverlauf aufzufassen". S. 54 heißt es dann: „Wir bestrafen nicht, weil jemand schuldig ist, sondern wir nennen jemand einen Schuldigen, weil wir ihn bestrafen". S. 28 (Eine „darwinistische Strafrechtstheorie") erklärt Bozi, wir bestraften, „weil ein unwiderstehlicher Trieb uns zu Werkzeugen der Naturgesetze macht". Also eine völlige Verwerfung der Eigengesetzlichkeit menschlichen Handelns! Gegen Bozi hat sich deshalb auch Bovensiepen in Schmollers Jahrbuch für Gesetzgebung Bd. 41 S. 1601 ff. sowie in der Deutschen Richterzeitung 1918 S. 88 gewandt. „Die Erfahrungswissenschaften", sagt Bovensiepen, „befassen sich lediglich mit dem Sein und Werden, sie sind völlig wertfrei; die Geistes- oder Kulturwissenschaft, zu der auch die Rechtswissenschaft gehört, ist vornehmlich eine Wissenschaft des Sollens; kritische Wertmaße sind für sie unerläßlich, nach ihnen und mit ihnen arbeitet sie als unentbehrliches Rüstzeug. Naturgesetze gibt es im Sozialleben und in der Sozialwissenschaft, die die Rechtsordnung als äußere Form erst logisch bedingt, überhaupt nicht."

Alle einschlägigen Erwägungen laufen in die zum Verständnis des Themas vorliegender Abhandlung zunächst zu erörtende Frage aus, was überhaupt unter Wissenschaft zu verstehen ist.

---

§ 2.

Über Begriff und Wesen des Wissens. (Die philosophischen Grundlagen des Wissens und ihre Bedeutung für die Jurisprudenz.)

Der Begriff „Wissenschaft" beruht auf dem Begriff „wissen." Was aber ist das Wissen?

Das Wort „wissen" wird in ganz verschiedenem Sinne gebraucht. Im gewöhnlichen Leben versteht man darunter jedes zweifellose Erkennen. Wir sagen z. B.: wir wissen, daß jemand dies oder jenes gesagt oder getan hat. Dem Wissen dieser Art entspricht das Wort „Gewißheit". Dann gebrauchen wir aber das Wort „wissen" auch noch in einem höheren, strengeren Sinne, indem wir nämlich darunter das in seiner Art vollkommene Erkennen, d. i. die sichere Erkenntnis einer Sache aus ihren Gründen, die „wissenschaftliche" Erkenntnis, verstehen. Dies Wissen, das Wissen im eigentlichsten Sinne, erfordert die klare Einsicht, daß die betreffende Sache, um die es sich jeweils handelt, wirklich existiert, ferner wie sie ist und endlich warum sie so ist und auch gar nicht anders sein kann — und zwar dies alles aus Gründen, die sich aus der Sache selbst ergeben und jeden Zweifel an der Richtigkeit unserer Erkenntnis ausschließen, uns die Richtigkeit unserer Erkenntnis fest verbürgen. Das eigentliche Wissen steht also in notwendigem Zusammenhange mit der objektiven Wahrheit. Da nun dies Wissen im eigentlichsten Sinne nach dem bereits Gesagten auch die Erkenntnis verlangt, warum eine Sache jeweils so ist und nicht anders sein kann, so bedarf es außer Erfahrungstatsachen nach allgemein-gültiger, notwendiger Grundsätze und Prinzipien. Echte, wahre Wissenschaft muß für ihre Ergebnisse und demnach auch für die Grundsätze, auf die sie aufbaut, allgemeine, objektive, unumstößliche Gültigkeit in Anspruch nehmen können. Echte Wissenschaft soll uns nicht nur zeigen, was wir auf Grund bisheriger Forschungen zur Zeit denken können und einstweilen annehmen müssen, sondern auch, was für alle Zeiten wahr ist. Die Wissenschaft hat also nicht mehr oder minder wahrscheinliche Hypothesen, sondern vor allem unumstößliche, in alle Ewigkeit von jedem Intellekt als wahr anzuerkennende Resultate und diesen zugrunde liegende Prinzipien aufzudecken. Kann es nun aber solche allgemeingültige, unwandelbare Grundsätze überhaupt geben und wie gelangen wir zu deren zweifelsfreien Erkenntnis? Wie kommen wir überhaupt zu einer Erkenntnis, zu einem Wissen? Gibt es wirklich ein eigentliches Wissen oder muß man nicht vielmehr mit vielen modernen Nominalisten und Anhängern des extremen Subjektivismus auf die unbedingte Wahrheit im Reiche des Wissens, der Wissenschaft verzichten, um sich immer und überall nur mit einem „Glauben" zu begnügen. Gibt es für uns keine absolute, sondern nur eine relative Wahrheit?

Eine Beantwortung dieser Fragen läßt sich nicht umgehen. Sie mag im folgenden versucht werden:

I. Das Wissen im eigentlichen Sinne beruht auf einem Forschen und Finden. Wir forschen ferner mit Hilfe unserer Geisteskräfte — unseres Verstandes — unter Heranziehung der Erfahrung als der Summe der inneren und äußeren Erlebnisse, die wir selbst unmittelbar wahrnehmen. Wir haben hierbei das Vorhandensein unserer geistigen Fähigkeiten, also auch unserer eigenen Existenz, überhaupt eines festen Seins sowie einer auch außerhalb uns existierenden Wirklichkeit vorauszusetzen. Sind diese Voraussetzungen nun richtig, sind sie in ihrer Wahrheit irgendwie unumstößlich begründet?

Für einen noch nicht von krankhafter Zweifelsucht befallenen Menschen kann nichts fester stehen als seine reale Existenz, von der ihn sein eigenes Leben sowie die Beobachtung der ihn umgebenden anderen Menschen und der ganzen Natur immer wieder aufs neue überzeugen. Trotzdem hat es bekanntlich Philosophen gegeben, die ihre reale Existenz, ja jegliche Existenz von irgendwelchen Wesen mit bewußten festen Vorstellungen geleugnet haben.

Diese Skeptiker gingen folgerichtig soweit, zu behaupten, daß wir an allem zweifeln müßten, daß es zweifelhaft sei, ob man mit Gewißheit auch nur etwas erkennen könne. Eine derartige Ansicht, nach der wir also nicht nur die unabhängig von unseren Vorstellungen existierende Welt sondern auch unsere eigenen Vorstellungen nicht erkennen können, ist jedoch so absurd, daß sie von keinem noch als gesund geltenden Philosophen mehr vertreten wird. Die Absurdität eines solchen Skeptizismus ist ferner so ohne weiteres einleuchtend, daß die Hinfälligkeit eines jeden philosophischen, insbesondere erkenntnis-theoretischen Systems sofort voll erwiesen ist, wenn klar dargetan wird, daß es in seinen Konsequenzen auf diesen äußersten Skeptizismus hinausläuft. Denn wie kann überhaupt jemand auch nur behaupten, daß er gar nichts erkennen könne, während doch schon diese Behauptung ein Wissensurteil enthält! Und wenn sich jemand zur Vermeidung dieser Inkonsequenz entsprechend der Lehre der alten griechischen Ephetiker jeglicher Behauptung enthält, so tut er dies doch nur, um nicht zu irren; er nimmt also als gewiß an, daß es einen Unterschied zwischen Wahrheit und Irrtum gibt. Dem Menschen ist es im übrigen auch physisch gar nicht möglich, an seiner Existenz zu zweifeln; die Annahme der Nichtexistenz ist praktisch nicht durchführbar; so hat also die Natur selbst der Torheit Schranken gesetzt. Paulsen hat deshalb auch in seiner bekannten „Einleitung in die Philosophie" behauptet, daß es wirkliche Skeptiker im strengen Sinne gar nicht gebe und Hume mit den Behauptungen der Skepsis nur gespielt habe, um den Dogmatismus ins Wanken zu bringen. Das Vorhandensein des mit Vernunft begabten Ich, insbesondere die Befähigung, feste Vorstellungen zu haben und zu denken, kann niemand in Abrede stellen ohne sich in einen Wortnebel zu verlieren und schließlich selbst nicht mehr zu verstehen. Das Ich existiert eben mitsamt seinen vorgenannten Befähigungen. Im Ich trifft, wie Graf Hertling („Über die Grenzen der mechanischen Naturerklärung", Bonn 1875 S. 144 ff.) sehr klar darlegt, für einen jeden die formale Richtigkeit mit der materiellen Wahrheit zusammen und verbürgt die Denknotwendigkeit durch sich selbst die Erkenntnis eines Seienden. Wir erkennen — wie auch Paulsen zugibt — die Wirklichkeit so, wie sie an sich ist, jedenfalls insoweit, als wir selbst sind; denn all unser Denken, Fühlen und Wollen, unser gesamtes geistiges Vermögen, ist in unserem normalen Bewußtsein so, wie es an sich ist; es wird ja so, wie es an sich ist, erlebt; sein Sein ist ja nichts anderes als sein Erlebt- und Gedachtwerden. Die Wirklichkeit — wenn auch noch nicht volle Begreiflichkeit — unseres Innenlebens steht damit fest, und es fragt sich jetzt weiter, ob denn auch die Welt außerhalb von uns, die uns in körperlichem Zustande erscheint, ebenso wie unser eigener Körper etwas Wirkliches, Reales ist.

Kant spricht bekanntlich unserem Erkenntnisvermögen die Fähigkeit ab, das wirkliche Sein der Dinge außer unserem Erkenntnisakt zu erfassen, und behauptet, daß uns nur die Erscheinung der Dinge gegeben sei. Nun muß man ja allerdings sagen, daß das innerste Wesen einer Sache bei der Beschränktheit alles menschlichen Wissens für unseren endlichen menschlichen Verstand nie restlos zu ergründen sein wird. Soweit wir aber die Dinge erkennen, durchschauen, täuschen wir uns in dieser Erkenntnis keineswegs, erfassen damit vielmehr das Ding an sich, nicht nur dessen Erscheinung.

Wie kommt denn überhaupt Kant zu seiner gegenteiligen Annahme?

Kant hat das Vorhandensein synthetischer Urteile a priori behauptet, d. h. die Existenz von der Erfahrung unabhängiger, allgemeiner, notwendiger Urteile, subjektiver Geistesfunktionen, das Vorhandensein von Gesetzen unseres Geistes, nach denen wir den Inhalt unserer Erfahrung ordnen und bestimmen. Er hat drei Erkenntnisvermögen als gegeben angenommen: das Anschauungsvermögen, den Verstand und die Vernunft. Jedes dieser Vermögen hat nach Kant seine reinen, von der Erfahrung unabhängigen Erkenntnisformen. Unser sinnliches Anschauungsvermögen mit den „ihm angeborenen Formen von Zeit und Raum“ soll uns die Vorstellungen von Dingen vermitteln, die außer uns nebeneinander liegen und aufeinander folgen und von denen wir lediglich die Erscheinungen wahrnehmen, nicht die Dinge an sich. Die Erscheinungen unseres Anschauungsvermögens sollen uns dann den Stoff für die Tätigkeit unseres Verstandes liefern. Letzterer soll spontan und unabhängig von jeglicher Erfahrung gewisse Erkenntnisformen erzeugen, in die dann der Stoff der sinnlichen Erfahrung eingefügt wird. Diese Formen, Kategorien, Stammbegriffe des Verstandes, sollen nicht Gegenstand sondern Bedingung der Erfahrung sein. Zu den Kategorien in seinem Sinne zählt Kant auch die Kausalität, der er folgerichtig objektive Gültigkeit in einem synthetischen Urteile a priori, das aber eben nur für die Welt der Erscheinungen gilt, zuspricht. Die Dinge an sich unterliegen nach Kant keiner Kategorie, also auch nicht der Kausalität. Alle Kategorien gelten nur als Erscheinungsobjekte unseres Bewußtseins. Das dritte Erkenntnisvermögen, die Vernunft, sucht nach Kant im Gegensatze zum Verstande, der sich mit dem Endlichen und Bedingten befaßt, zum Unendlichen und Unbedingten vorzudringen und die Verstandsbegriffe zu einer höheren Einheit zu verknüpfen. Die Vernunft bildet nach ihm Ideen, so die Idee Gottes, diese Ideen gehen dann aber auf Objekte, die jenseits der Erfahrung liegen und daher keine theoretische Gültigkeit haben.

Der Hauptfehler Kants liegt nun in der Annahme, ja Grundvoraussetzung seines Kritizismus, daß Notwendigkeit und strenge Allgemeinheit in unsere Erkenntnis sich nur a priori und nicht aus der Erfahrung gewinnen lasse. Wie kann aber Kant notwendige und allgemeine Erkenntnisse einfach als priori gegeben, also aus den angeborenen, von vornherein und unabhängig von jeglicher Erfahrung schon vorhandenen Erkenntnisformen herrührend annehmen? Wie kann er die Kategorien, insbesondere die Kausalität, als unabhängig von aller Erfahrung vom Verstande erzeugte Erkenntnisform betrachten und sie nur für die Erscheinungsobjekte unseres Bewußtseins gelten lassen? Durch sein Verhalten gibt Kant der Natur Gesetze statt sie aus ihr zu entnehmen, wozu er doch bei folgerichtigem Denken gezwungen ist. Kant kann doch Behauptungen über Erkenntnisse nur auf sichere Beobachtungen gründen, fehlt es ihm an solchen, so sind seine Behauptungen eine unbeweisbare Hypothese. Kants Ansicht, daß der Verstand unabhängig von aller Erfahrung gewisse Erkenntnisformen hervorbringe, ist aber nicht nur unbeweisbar, sondern offenbar irrig. Denn man gelangt, wie schon Aristoteles gegen Plato dargetan hat, gerade aus der Erfahrung heraus, nämlich durch Abstraktion aus ihr, zu notwendigen und allgemeinen Kenntnissen von der Wirklichkeit. Ist dies aber, wie noch zu zeigen, der Fall, sind also die Kategorien nicht Bedingungen, sondern gewissermaßen Gegenstand der Erfahrung, so sind sie und ist insbesondere auch die Kausalität durchaus nicht nur auf die Welt unserer Erscheinungen beschränkt.

Wie gelangen wir nun aus der Erfahrung durch Abstraktion zur Erkenntnis vom Wesen der Dinge? Wieso erfassen wir damit das Ding an sich und nicht nur dessen Erscheinung? Aus der Gesamtheit der unter II und III folgenden Darlegungen dürfte dies genügend klar hervorgehen. Diese Darlegungen können nicht ganz kurz gehalten werden. Denn sie haben Probleme zu behandeln, die für unsere ganze Weltanschauung grundlegend sind und dann selbstverständlich auch die Betrachtung und Behandlung des Rechts beeinflussen [1]).

II. a. Wissenschaftliche Erkenntnis kommt zweifellos nicht aus den Sinnen, sondern aus dem Verstande, sie wird nicht durch Wahrnehmung sondern durch begriffliches Denken hervorgebracht. Wie geht nun letzteres vor sich?

Unsere gesamte Erkenntnis geht von der Erfahrung aus. Die Erfahrung bietet uns jedoch nur konkrete und einzelne Dinge und Erscheinungen dar, die beständig wechseln. Wie können wir nun unter solchen Umständen zu Allgemeinbegriffen gelangen, die objektive und unwandelbare, d. h. von Zeit und Ort unabhängige Gültigkeit haben, sodaß sie wiederum als Grundlage für die allgemeingültigen und notwendigen Grundsätze dienen können, ohne die es keine wahre Wissenschaft gibt? Sind allgemeingültige, unwandelbare Allgemeinbegriffe überhaupt möglich?

Der konsequente Empirismus, der nur Erfahrung gelten läßt,

---

[1]) Wer die Fähigkeit des Verstandes, das Wesen der Dinge zu erkennen, leugnet, kann nicht zur festen Überzeugung vom Vorhandensein absolut erkennbarer Wahrheit, insbesondere auch allgemeingültiger, ganz unumstößlicher Rechtsprinzipien, gelangen.

leugnet mit Recht die Möglichkeit eigentlicher Allgemeinbegriffe, da wir aus der Erfahrung nur entnehmen, was geschehen ist, nicht aber, was notwendig immer und überall geschehen muß. Dem strengen Empiristen können die Allgemeinbegriffe nur als oft recht verschwommene Zusammenfassungen von Einzelvorstellungen gelten. Die Grundvoraussetzung des Empirismus ist jedoch nicht richtig. Es ist zwar anzuerkennen, daß all unser geistiges Erkennen zunächst von der Erfahrung ausgeht. Falsch ist es aber, nun jede andere Erkenntnisquelle außer der Erfahrung einfach zu verwerfen, wie dies der Empirismus tut. Denn unser geistiges Erkennen führt weit über die Erfahrung hinaus. Es ist der größte Irrtum, sagt mit Recht Kohler („Moderne Rechtsprobleme" S. 21), „den Satz, daß die Wissenschaft auf Erfahrung beruhen müsse, dahin zu verkehren, daß die Wissenschaft nicht über die Erfahrung hinausgehen dürfe. Dann gebe es überhaupt keine Wissenschaft, denn der erste Satz der wissenschaftlichen Erkenntnis ist der: aus der Erfahrung über die Erfahrung hinaus. Auch die Naturgesetze, die wir annehmen, stützen sich auf Erfahrung, sind aber selbst nicht Gegenstand der Erfahrung, sondern Ergebnisse des auf Erfahrung begründeten menschlichen Nachdenkens". Unsere Sinne nehmen nur die konkreten Einzeldinge mit allen ihnen anhaftenden Zufälligkeiten wahr. Der Verstand (unser geistiges Erkenntnisvermögen) besitzt jedoch die Fähigkeit, das Konkrete und Zufällige in den Einzeldingen auszuscheiden und schließlich das Wesen der Dinge zu erfassen. Zu erklären, wie sich der Verstand auf der Grundlage der sinnlichen Wahrnehmungen durch diese Abstraktion seine Begriffe bildet, ist sehr schwer. An der Tatsache selbst läßt sich jedoch nicht zweifeln, mag die psychologische Erklärung noch so umständlich sein. Anlage und Neigung zu abstrahieren sind uns Menschen angeboren. Wir erkennen nicht nur irgend ein konkretes Sein sondern überhaupt das Sein im Gegensatz zum Nichtsein. Wir erkennen, was das Wesen der Dinge ausmacht, und setzen dafür einen bestimmten Begriff. Ein solcher von allen zufälligen Eigenschaften absehender, nur auf das Wesen eines Dinges gehender, dies Wesen umfassender Begriff ist dann unwandelbar und notwendig, er ist von Zeit und Ort unabhängig und gilt für jeden Intellekt, der die Wahrheit richtig zu erfassen imstande ist. Der Begriff des Kreises z. B. trifft auf jeden wirklichen und möglichen Kreis zu; er ist eben unveränderlich. Es gibt nur eine Wesenheit des Kreises; so wird jedes der Erkenntnis fähige Wesen in alle Ewigkeit anerkennen müssen, daß in einem Kreise alle Punkte gleichweit vom Zentrum entfernt sind. Wer dies nicht für richtig hält, verfällt unweigerlich dem Skeptizismus, wie aus den weiteren Darlegungen immer klarer hervorgehen wird. — Unsere Erkenntnis erleidet durch die Abstraktion keinerlei Abbruch an ihrer Richtigkeit. Der Inhalt unserer Allgemeinbegriffe stammt ja aus der Erfahrung. Das mit dem allgemeinen Begriff bezeichnete Wesen ist seiner allgemeinen Form nach, d. h. losgelöst von allen individuellen Beziehungen, nur im Verstande vorhanden; der Inhalt des betreffenden Begriffs ist jedoch auch in Wirklichkeit da. So ist beispielsweise der Allgemeinbegriff Mensch zunächst etwas rein dem Verstande Angehörendes; allein der Inhalt dieses Verstandsbegriffes ist in Millionen von Menschen verwirklicht; wir haben es also keineswegs mit einer rein subjektiven Erkenntnisform zu tun. Der Begriff ist eben keineswegs das, was erkannt wird, sondern dasjenige, wodurch etwas anderes, nämlich das Objekt, erkannt wird. Die Allgemeinheit des Begriffs als solche, das Zusammenfassen der vielen übereinstimmenden Dinge, schließt zwar ein subjektives Moment in sich, hat jedoch auch ein objektives Fundament in den übereinstimmenden Dingen, deren reale Existenz nicht zu bezweifeln ist. „Nehmen wir an, daß die ganze Anschauung, die wir von den Dingen haben, ein einziger großer Trug unseres Inneren sei oder daß die Dinge der Außenwelt nach ihrer Einwirkung auf uns in unserem Inneren eine solche Fälschung erfahren, daß wir nicht in der Lage sind, durch Verbesserung der Fehler das Richtige herauszufinden, dann müssen wir überhaupt unsere Wissenschaft aufgeben und uns dem öden Skeptizismus widmen" (Kohler, „Moderne Rechtsprobleme" § 2 S. 3). Die Abstraktion geht, wie oben schon angedeutet, in der Weise vor sich, daß wir vom Zufälligen der wahrgenommenen Dinge absehen, um dadurch zum Wesen der Sache zu gelangen. Unsere Sinne sind nicht dazu befähigt, das Wesentliche eines Erkannten vom Unwesentlichen, das Allgemeine vom Besonderen zu unterscheiden. Dies kann allein der Verstand; er allein vermag das Erkannte so zu verarbeiten, daß er zu den Beziehungen der Einheit und Vielheit, Ähnlichkeit und Unähnlichkeit, der Über- und Unterordnung gelangt. Die menschliche Erkenntnis geht dabei von der Sinnestätigkeit aus. Diese läßt die einzelnen Wahrnehmungsbilder von den sinnenfälligen Gegenständen entstehen. Dann tritt aber eine spontane geistige Tätigkeit ein; der Verstand wendet sich den Wahrnehmungsbildern zu und bearbeitet sie allmählich sichtend und ordnend. Die Veranlagung zur Erkenntnis im allgemeinen ist, wie schon gesagt, angeboren. Die geistige Erkenntniskraft des Menschen läßt ihn schon von Kindheit an auf dem Wege einer gewissen kritischen Vergleichung der Sinnesinhalte das Gemeinsame in diesen Sinnesinhalten, also das in ihnen beharrlich Wiederkehrende, ihnen als Wesen zu Grunde Liegende ermitteln und allgemeine Begriffe bilden, mit denen dann weiter gearbeitet wird. Der Begriff ist der Denkgehalt einer Erkenntnis, wie er sich nach Abstreifung des unwesentlichen Einzelnen und Zufälligen ergibt. Er geht nach Aristoteles auf das Allgemeine und Notwendige als das Wesen oder die Natur des Erkenntnisgegenstandes. Bei den uns durch die Sinneswahrnehmung vorgeführten Einzeldingen ist der Denkinhalt mit zufälligen Bestimmungen behaftet, verwachsen (er ist konkret); aus diesem zusammengesetzten Ganzen wird dann der Denkinhalt, Begriff, durch Abhebung (abstractio) gewonnen. — Die allgemeinen Begriffe werden also aus der Erfahrung mit Hilfe unserer geistigen Tätigkeit hergeleitet. Damit ist jedoch unsere Erkenntnis noch nicht auf die Sinnenwelt beschränkt. In den Kreis der Erfahrungsgegenstände fällt ja auch unser Denken und Wollen; auch sind viele Begriffe ihrer Natur nach ganz allgemein, z. B. die Begriffe des Seins, der Einheit und Vielheit usw. Es sind dies zum großen Teil Begriffe, die in der Mathematik eine Rolle spielen. Aus all diesen allgemeinen Begriffen gelangt unser Verstand durch Vergleichung und Analyse zu allgemeingültigen, notwendigen und daher unwandelbaren Urteilen, z. B. zu dem Grundsatze, daß Sein und Nichtsein sich gegenseitig ausschließen, zum Grundsatze des Widerspruchs, zum Grundsatze, daß alles seinen zureichenden Grund haben muß, usw. Durch richtige Schlußfolgerungen aus den somit gewonnenen Prinzipien und Erfahrungstatsachen können wir dann unsere Erkenntnisse, wie dies besonders in der Mathematik geschieht, immer mehr erweitern, und es hat deshalb Pohle, gegen den sich Bozi in seiner „Weltanschauung der Jurisprudenz" gewandt hat, nicht unrecht, wenn er zu Beginn der Einleitung seines „Lehrbuchs der Dogmatik" sagt, es sei der Wissenschaft eigentümlich, aus sicheren und bekannten Prinzipien durch richtige Schlußfolgerung unbekannte Wahrheiten herzuleiten. — Bozi bringt unter Berufung auf die Naturwissenschaft, die ihm allein als Pfadfinderin gilt und an der sich ganz einseitig orientiert, vor, daß alle Erkenntnis auf Erfahrung beruhe und daß selbst die Sätze der Identität, des Widerspruchs und des ausgeschlossenen Dritten aus der Erfahrung gewonnene Abstraktionen seien. „Dann aber kann auch", fährt Bozi fort, „aus ihnen nichts genommen werden, was nicht vorher in sie hineingelegt worden war. Sie können unter keinen Umständen zur inhaltlichen Vermehrung unseres Wissens führen, und zwar gilt dies unterschiedslos und unabhängig von der Art und Weise, wie wir mit ihnen verfahren; ja, je strenger der Syllogismus ist, je sicherer bleibt die conclusio in den Schranken der vorhandenen Erkenntnis, und die Prämisse der Menschennatur des Gaius enthält schon für sich allein dessen Sterblichkeit, ohne daß es der Zufügung der weiteren Prämisse bedurfte, daß alle Menschen sterblich seien; der Wert der abstrakten Logik für die Wissenschaft liegt neben der Schulung des Verstandes darin, daß sie dem Forscher den Weg, auf dem er sich befindet, zum Bewußtsein bringt und daß sie ihn dadurch zur Sorgfältigkeit und Gründlichkeit anhält; das Produkt der sinnlichen Wahrnehmung und der Selbstprüfung oder Selbstkritik ist dagegen die geschulte Beobachtung, das methodische induktive Denken, welchem die moderne Naturwissenschaft ihre Erfolge verdankt und welches, wie bereits in der Einleitung hervorgehoben, mehr und mehr in andere Wissenschaften übergreift." Demgegenüber sei nochmals darauf hingewiesen, daß alles Erkennen zunächst von der Erfahrung ausgeht, eine wissenschaftliche Erkenntnis aber erst durch die Tätigkeit des Verstandes ermöglicht wird, für den alle sinnliche Erfahrung nur Rohmaterial liefert. Der Verstand abstrahiert und findet kraft der ihm angeborenen Fähigkeiten unumstößliche Gesetze, mit denen er dann selbständig weiterarbeiten kann. Wir Menschen bilden a priori (d. h. hier: mittels der aus dem Wesen der Dinge gefolgerten Erkenntnis) [1]) erkenntniserweiternde notwendige und allgemeine Urteile nicht ohne Erfahrung, aber ohne sie eigens darum zu befragen, weil wir das Wesen der Dinge durch den Verstand erfassen. Der Verstand bearbeitet das von der sinnlichen Erfahrung dargebotene Material, ist aber im übrigen von der Erfahrung unabhängig. Dem sog. Erfahrungsmonismus, der sich in den oben wiedergegebenen Sätzen aus Bozis „Weltanschauung der Jurisprudenz" zu erkennen gibt, ist es noch nicht gelungen und kann es auch nicht gelingen, die logischen Grundlagen der Wissenschaft aus der sog. reinen, d. h. noch von keinen logischen oder metaphysischen Grundsätzen bearbeiteten Erfahrung herzuleiten und zu begründen. Die logischen Prinzipien der Identität, des Widerspruchs usw. lassen sich aus der Erfahrung einfach deshalb nicht ableiten, weil sie nicht in ihr enthalten sind. Mit was für einer Tatsache wir es auch zu tun haben mögen, wir werden stets ohne weiteres die Unmöglichkeit begreifen, daß diese Tatsache zugleich sein und nicht sein kann. Ohne die Gültigkeit dieses nicht durch Erfahrung gewonnenen Satzes könnten wir ja gar nicht behaupten, daß wir es mit einer Tatsache zu tun haben. Demgegenüber beruft sich zwar der Erfahrungsmonismus

---

[1]) Nach dem bis zu Kant geltenden aristotelischen Sprachgebrauche ist Erkenntnis a priori (nämlich natura) die aus dem Wesen gefolgerte, dagegen a posteriori die aus der Wahrnehmung und Erfahrung geschöpfte. Wer z. B. einen Bau verfolgt, dessen Plan und Zweck erkennt, hat von den Stadien des Baues eine Erkenntnis a priori; wer aber erst aus dem Verfolgen dieser Stadien Zweck und Plan begreift, hat eine Erkenntnis a posteriori. — Bei Kant dagegen bedeutet die Erkenntnis a priori nicht mehr eine solche aus dem Wesen der Sache, sondern — wie bereits früher dargelegt — eine Erkenntnis aus den Erkenntnisformen des Subjekts. Während der Stoff der Erkenntnis a posteriori gegeben ist, besteht die Form a priori.

auf die unabweisbare Evidenz der uns unmittelbar gegebenen Erlebnisse. Wie kann man aber mit Sicherheit irgend eine bestimmte Wahrnehmung behaupten, wenn man sich nicht auf die absolute Gewißheit des Identitätsprinzips stützt[1]), und ergibt sich letztere nicht erst aus einem über die Erfahrung hinausgehenden verstandesgemäßen Denkakt? Nimmt man mit dem Erfahrungsmonismus an, daß das Identitätsprinzip erst aus einer Reihe von Erfahrungen gewonnen werde, also erst ein aposteriorisches, hypothetisches Gesetz sei, dann ist es einfach unmöglich, irgend etwas mit voller Bestimmtheit zu behaupten. Auf keinen Fall ferner läßt sich das Identitätsprinzip mittels der reinen Erfahrung begründen. Denn jede Begründung beruht auf der Anwendung formal-logischer Prinzipien auf die Erfahrung, jede Begründung setzt somit solche Prinzipien bereits voraus. — Was hier vom Identitätsprinzip gesagt ist, gilt in entsprechender Weise auch vom Prinzip des Widerspruchs, das dahin geht, daß kein Ding unter derselben Rücksicht sein und nicht sein, so und zugleich anders sein kann. Dies alles kann aus der reinen Erfahrung weder abgeleitet noch begründet werden. Die Erfahrung allein vermag dem Beobachter nicht einmal zu sagen, ob er es in einem bestimmten Augenblick mit einem und demselben Dinge zu tun hat oder nicht; aus der reinen Erfahrung kann niemand entnehmen, daß es außer ihm wirklich existierende Dinge gibt und diese Dinge in einem gesetzmäßigen Zusammenhange, in einer vielfältigen Wechselwirkung stehen. Nimmt man derartige Ansichten bereits in das Material der Erfahrung mit auf, so hat man es eben nicht mehr mit reiner, lediglich auf Sinneswahrnehmung ruhender Erfahrung zu tun. Dies trifft insbesondere auch auf die Kausalität, das Prinzip des zureichenden Grundes (daß jeder Vorgang, jedes Ding seine Ursache haben muß) zu, also auf dasjenige Prinzip, das unter den

[1]) Das Identitätsprinzip besagt, daß eine Sache, insoweit sie eine bestimmte Sache ist, sich selbst gleich ist. Die negative Fassung des Identitätsprinzips ist das Kontradiktionsprinzip (Widerspruchsprinzip), das lautet: Sein ist nicht gleich Nichtsein, oder: eine Eigenschaft, die einer Sache zukommt, kann in derselben Zeit und in derselben Hinsicht nicht auch mangeln, oder: was wahr ist, kann zur selben Zeit und in derselben Hinsicht nicht auch falsch sein.

intellektuellen Faktoren wohl die wichtigste Stelle einnimmt. Die nicht selten gemachte Einwendung, die Erfahrung setze die Anwendung der Kausalität voraus, ist unrichtig und lediglich eine Folgerung der rein subjektiven Erkenntnislehre Kants. „Unsere Erfahrung kommt", sagt mit Recht der Biologe J. Reinke [1]), „durch tatsächliche Veränderung von Dingen zustande und wird dadurch gerade ein Zeugnis für die außer und unabhängig von unserem Denken bestehende Kausalität." Kant schiebt seinen Behauptungen einen falschen Begriff der Erfahrung unter. Er versteht unter Erfahrung nicht die Tatsachen und Erscheinungen, die sich außerhalb unserer Erkenntnis in der Wirklichkeit abspielen, sondern nur die Erscheinungen von Dingen in Raum und Zeit gemäß der Form, die sie durch unser Anschauungsvermögen im Kant'schen Sinne bekommen haben, um sodann von uns kraft rein subjektiver Veranlagung durch Verstandsbegriffe geordnet zu werden. Demgemäß läßt Kant das Kausalitätsprinzip nur für die Dinge, wie sie sich in unserer Anschauung darstellen, gelten, nicht aber für die Dinge, wie sie in Wirklichkeit sind. Nun ist aber die Lehre Kants von den Anschauungsformen unserer Sinne geradezu unbegreiflich. Denn wäre sie richtig, so müßten uns ja die Affektionen von außen einen gänzlich umgeformten chaotischen Stoff liefern; andernfalls könnte sich dieser Stoff nicht völlig widerstandslos dem apriorischen Gesetz der Verknüpfung und Ordnung fügen. Nein, der Verstand wird vielfach durch die Verschiedenheit des Stoffes selbst bestimmt. Wer das nicht annimmt, leugnet jeden Unterschied von Subjektivem und Objektivem in unserer Erkenntnis und gelangt schließlich zum vollendeten Skeptizismus. Denn welche Gewähr haben wir dann noch für die geringste objektive Gültigkeit unserer Erkenntnisse?

Das Wissen ist nach dem Dargelegten niemals ein reines Erfahrungsergebnis. Die dem wissenschaftlichen Aufbau das Rohmaterial liefernde Erfahrung ist bereits vom Denken vollständig durchtränkt. Die logischen Prinzipien haben bereits allseitig vorgearbeitet. Die Wissenschaft ist eine Ergänzung, Vertiefung der Erfahrung.

---

[1]) „Die Welt als Tat" (1901).

Was sodann die von Bozi so anempfohlene Methode des induktiven Denkens betrifft, die wegen ihres Zusammenhanges mit dem Erfahrungsmonismus hier gestreift werden mag, so ist darauf hinzuweisen, daß sie in einseitiger Anwendung große Gefahren in sich birgt. Indem man sich beim induktiven Denken der besonders in der Naturwissenschaft gebräuchlichen Methoden bedient, muß man sich notgedrungen vielfach auf Hypothesen stützen. Dadurch erhalten dann oftmals die wichtigsten Allgemeinvorstellungen einen wesentlich hypothetischen Charakter, der wahrer Wissenschaft nicht entspricht. Induzieren bedeutet bekanntlich: aus Einzelnem Allgemeines ableiten. Das abgeleitete Allgemeine kann zunächst immer nur etwas Hypothetisches sein, das noch des Wahrheitsbeweises durch die Erfahrung bedarf. Als Beweismittel kann dann neben der einfachen Beobachtung nur das Experiment dienen. Letzteres wird durch ein bewußtes, planmäßiges Eingreifen des Forschers in den Naturlauf eingeleitet. Dadurch, daß die in der Hypothese als wirksam angenommenen Faktoren unter Beseitigung aller störenden Momente in Tätigkeit gesetzt werden, wird deren genaue Beobachtung und damit die exakte Bestimmung der Gesetzmäßigkeit ihres Wirkens ermöglicht. Steht das Ergebnis des Experiments mit dem durch die Hypothese vorgezeichneten Verlauf in Widerspruch, so erhellt daraus die Korrekturbedürftigkeit der Hypothese. Die hiermit kurz gezeichnete induktive Methode paßt offensichtlich in weit höherem Maße für die Naturwissenschaft als für die Geisteswissenschaften, insbesondere auch die Rechtswissenschaft. Man kann zwar auf mehr induktivem Wege entsprechend Bozi'schen Vorschlägen [2]) in die Entstehung mancher Rechtsbegriffe einführen. Für die tiefere Begründung von Rechtssätzen reicht aber die induktive Methode allein nicht aus. Auch die Rechtswissenschaft muß im Interesse möglichst vollkommener Gerechtig-

[1]) Das gegensätzliche „Deduzieren" heißt: Aus allgemeingiltigen Urteilen, welche Beziehungen zwischen allgemeinen Denkinhalten feststellen, andere, meist speziellere Urteile ableiten.

[2]) Vgl. dessen Schrift „Die Schule der Jurisprudenz. Eine Einführung in die Elemente der Rechtswissenschaft auf Grund der induktiven Methode".

keit auf feste, absolute Wahrheiten gestützt werden, die auf induktivem Wege (durch Erfahrung allein) nicht gefunden werden können. Reine Induktion kann eben, wie schon gesagt, vielfach nur Hypothesen liefern, also Erkenntnisse, die auf Grund der Induktion noch nicht unerschütterlich feststehen. Soll letzteres doch der Fall sein, so müssen die Erkenntnisse sich auf die als felsenfest wahr erkannten obersten Prinzipien zurückführen und daher auch umgekehrt aus ihnen deduzieren lassen. Im übrigen fußt jedes induktive Verfahren in gewisser Weise auf Deduktion. Denn es handelt sich bei der Induktion nicht nur um möglichst genaue Beobachtung von Vorgängen sondern in wesentlicher Weise auch um selbständiges Nachdenken durch Anwendung des deduktiven Verfahrens; sucht man doch auch bei der Benutzung des sog. induktiven Verfahrens durch Deduktion aus dem Bestande bereits erkannter Gesetzmäßigkeit zunächst in Gedanken eine mögliche Lösung für das Problem der kausalen Erklärung eines bestimmten Vorganges zu konstruieren [1]).

b. Daß die Art unseres Wissens so oft verkannt, die Möglichkeit der Erkenntnis des Wesens der Dinge immer wieder geleugnet wird, liegt zum Teil daran, daß manche glauben, ein sicheres Wissen sei im Interesse der Weiterentwickelung der Menschheit gar nicht wünschenswert. So sagt auch Bozi in seiner „Weltanschauung der Jurisprudenz": „Soll das Leben der Wissenschaft nicht zeitlich begrenzt sein, so muß sie als ein Ringen und Forschen aufgefaßt werden, für welche die Wahrheit das stets entschlüpfende unerreichbare Ideal bleibt, nahe genug, um durch ihren Zauber zur Forschung anzuregen, im übrigen das verschleierte Bild zu Sais, die Henneberg'sche Jagd nach dem Glück." Man sollte aber doch denken, wenn das richtig sei, dann müsse jeder die

---

[1]) Obige Erörterungen über das induktive Verfahren sind umso nötiger, als Szirtes („Die Rechtswissenschaft — eine Kulturmacht. Zur Frage der gesellschaftlichen Vorbereitung der Gesetze". Hannover, Helwing'scher Verlag, 1898) die induktive Methode für die Rechtsauffindung und Vorbereitung der Gesetze angewendet wissen will.

Freude an wissenschaftlicher Forschung von vorneherein verlieren. Man darf sich zweifellos nicht einbilden, alles mit unbedingter Sicherheit erforschen zu können, denn eine umfassende, erschöpfende Erkenntnis der Wirklichkeit kann der Mensch mit seinem endlichen Verstande nicht besitzen, die Menschheit kann auch bei ihrer Weiterentwickelung nicht zu solcher erschöpfenden Kenntnis gelangen; das dürfte im Hinblick auf die menschliche Schwäche jedem ohne weiteres einleuchten. In den wichtigsten Fragen kann aber der Mensch zu einer sicheren Erkenntnis kommen; daneben gibt es dann noch zahllose Probleme, welche die wissenschaftliche Arbeit in unabsehbaren Zeiten vollauf in Anspruch nehmen werden. Zu sicheren Erkenntnissen können wir insbesondere in der Philosophie, die ja nichts anderes als die höchste Wahrheitsforschung sein soll, fortschreiten, wie dies denn auch in der philosophia perennis geschehen ist. Ihrer muß sich deshalb auch der Jurist annehmen. Mit Recht sagt Leibniz (specimen difficultatis in jure): „O daß doch die Rechtsgelehrten von ihrer Verachtung der Philosophie zurückkämen und einsähen, daß ohne Philosophie die meisten Fragen ihres Jus ein Labyrinth ohne Ausgang sind." Je tiefer die Elemente der Jurisprudenz begründet werden, um so klarer und übersichtlicher wird sich auch der gesamte Rechtsstoff gestalten, um so besser wird er sich überblicken lassen. Damit wird dann zugleich die Jurisprudenz immer mehr dem für sie bestehenden Ideale gerecht, das sich in den Worten Kants (Kritik der reinen Vernunft S. 266 der Reclam'schen Ausgabe) zu erkennen gibt. Kant sagt dort: „Es ist ein alter Wunsch, der, wer weiß wie spät, vielleicht einmal in Erfüllung gehen wird, daß man doch einmal, statt der endlosen Mannigfaltigkeit bürgerlicher Gesetze, ihre Prinzipien aufsuchen möge; denn darin kann allein das Geheimnis bestehen, die Gesetzgebung, wie man sagt, zu simplifizieren." Unter diesen Prinzipien sind hier die tiefsten wissenschaftlichen Grundlagen des philosophisch erfaßten Rechtes zu verstehen, die später zu erörtern sind. Philosoph — allerdings zugleich praktischer — muß deshalb der Jurist sein, wie ja überhaupt jeder Mensch bewußt oder unbewußt — und teilweise mit einem religiösen Einschlag — philosophieren wird und muß, um seinen

Drang nach Wahrheitserkenntnis zu stillen. „Auf eine gewisse Höhe der Betrachtungsweise, gleichviel auf welchem Wege, emporgehoben, wird der menschliche Geist sich an Probleme gewiesen sehen, die ihn stets und immer beschäftigt haben und die so ihren echt philosophischen Charakter nicht verleugnen können.“ (Dr. J. A. Endres „Otlohs von St. Emmeram Verhältnis zu den freien Künsten, insbesondere zur Dialektik“ im Phil. Jahrbuch, Fulda 1904, S. 177.) Zur Erwägung dieser Probleme muß also nicht zuletzt der Jurist gelangen, der, zumal als Strafrichter, oftmals so tief in Menschenleben einzugreifen hat und deshalb das menschliche Wesen nach Möglichkeit zu durchschauen trachten muß. Möge aber der Jurist bei seinen philosophischen Studien auch in den richtigen Bahnen bleiben. Durch die Philosophie der Griechen, inbesondere die des Plato und Aristoteles, ist ein großartiger Unterbau geschaffen, auf dem die späteren Jahrhunderte weitergearbeitet haben. Die Aristotelische Philosophie ist hauptsächlich durch Thomas von Aquin, den Hauptvertreter der von Bozi so angegriffenen Scholastik, vertieft und erweitert worden. In Thomas von Aquin haben wir eine Persönlichkeit von überwältigender Denkkraft vor uns, so daß z. B. auch Jhering in der zweiten Auflage seines Werkes „Der Zweck im Recht“ (II. 161 — 1886 —) schreiben konnte, er hätte vielleicht sein ganzes Buch nicht geschrieben, wenn er die von Thomas ausgesprochenen Wahrheiten gekannt hätte. „Die Grundgedanken, um die es mir zu tun war“, sagt Jhering, „finden sich schon bei jenem gewaltigen Denker in voller Klarheit und prägnantester Form ausgesprochen“. Leider hat man sich vielfach ohne weiteres damit abgefunden, unter Scholastik nur spitzfindige Dialektik zu verstehen, auf die man in keiner Weise mehr einzugehen brauche. Es ist dies eine Folge mangelhafter Kenntnis der scholastischen Philosophie und des Umstandes, daß man glaubt, alle Philosophie und Geisteswissenschaft auf Kant'sche Ansicht aufbauen zu müssen [1]). Seit Kant ist in der Philosophie das

[1]) Gegen die Verkennung der „vielgeschmähten Scholastik“, die „bei vielen Unrecht haben muß, weil sie Scholastik ist“, wird von Professor Kohler in Berlin, der zweifellos unser am meisten in der Philosophie bewanderter Jurist ist, an verschiedenen Stellen seiner

Hauptgewicht auf erkenntnistheoretische Probleme gelegt, ohne daß man aber sagen kann, daß diese Probleme nicht auch schon früher gründlich behandelt seien. Kant hat zugleich durch einen Teil seiner Anschauungen, insbesondere durch die Behauptung, daß wir nur die Erscheinungen, nicht deren Wesen zu erfassen vermöchten, schon viele gleichsam suggeriert und ihnen einen Schleier vor ihr geistiges Auge gezogen. Alle, die sich in seinen Gedankengängen bewegen, werden der Wirklichkeit zunächst entrückt und müssen bei Anwendung ihres Denkens auf das praktische Leben vielfach Abstiege vornehmen, bei denen mehr als eine Klippe zu überwinden ist. Insbesondere der Jurist sollte sich daher vor unbesonnener Anwendung kantianischer Philosophie auf sein Fach hüten. Würde Kant mit seiner Behauptung, daß das Ding an sich für uns nicht erkennbar sei, haben sagen wollen, daß wir das innerste Wesen der Dinge nicht zu erforschen vermöchten, so würden wir zweifellos nicht mit ihm rechten dürfen. Er behauptet jedoch, daß wir nur Erscheinungen wahrnehmen und über die Existenz der Außenwelt und unseres Innenlebens kein Wissensurteil abgeben können. Der Tisch, an dem ich schreibe, die Gedanken und Vorstellungen, die ich habe, sollen nur Erscheinungen sein. Kant hat eben, was mit Rücksicht auf die Wichtigkeit der Sache nochmals scharf hervorzuheben und mit einigen weiteren Ergänzungen zu den früheren Darlegungen zu verbinden ist, jegliche Erkenntnis in zwei Faktoren zerlegt, in den Stoff (bestehend lediglich aus Empfindungen, Sinneseindrücken, die auf Objekte

---

Schriften scharf aufgetreten (vgl. Moderne Rechtsprobleme § 11 S. 26, § 26 S. 34 u. S. 35). Auch Harnack sagt (Dogmengeschichte III, 313): „Die Scholastik ist eben nichts anderes gewesen als wissenschaftliches Denken... Die dialektisch-deduktive Methode ist das Mittel, dessen sich jede Wissenschaft, die den Mut hat, die Überzeugung von der Einheit alles Seienden kräftig geltend zu machen, bedienen muß". — Kaufmann ferner erklärt (Geschichte der deutschen Universitäten I, 94): „Die logische Arbeit der Scholastik war kein bloßes Ausspinnen in nutzlose Subtilitäten, sondern eine Anwendung der griechischen Weisheit aufs neue Gebiet der christlichen Dogmen, auf dem sie in allerlei Subtilitäten, aber auch in tiefe Gedanken geführt wurden".

hinweisen ohne über die Beschaffenheit der letzteren, ihr reales Vorhandensein, ein Wissensurteil zu ermöglichen) und die Form [1]). Der Stoff ist das von uns entgegengenommene Material, das wir aus der Erfahrung im Kant'schen Sinne (vgl. S. 28) schöpfen. Die Form der Erkenntnis entspringt unserem Erkenntnisvermögen, das in das Anschauungsvermögen und den Verstand zerfällt. Dem Anschauungsvermögen entstammen die Anschauungsformen, das sind Raum und Zeit, dem Verstande die Denkformen, die in 12 Kategorien zerfallen. Wo diese beiden Faktoren zusammenwirken, da soll es echte Wissenschaft geben. Die Denkformen sollen nun aber von jeglicher Erfahrung unabhängig, ein a priori in unserer Erkenntnis sein. Wir sollen sie als eine unserem Erkenntnisvermögen eigentümliche Funktionsweise, als einen Teil unseres erkennenden Vermögens an den Erfahrungsstoff heranbringen. Der Erfahrungsstoff soll also nicht etwa erst irgendwelche Erkenntnisformen bei uns herbeiführen. Was aus Stoff und Form zusammengesetzt ist, nennt Kant Erscheinung. Die sinnliche Welt ist nach ihm die Welt, wie sie uns erscheint. Wie sie an sich ist, sollen wir in keiner Weise zu erfassen vermögen. Wir sollen nie wissen, was irgendwelche Dinge (seien es solche der sinnlichen Welt, seien es nur in Begriffen denkbare Dinge, Gedankendinge) an sich sind; da die Eigenschaften der Dinge angeblich immer in die uns angeborenen rein subjektiven Denkformen gehüllt auftreten, so soll das objektive Wesen des Dinges an sich uns immer verborgen bleiben müssen. Andererseits sollen die Denkformen doch auch wieder eng mit den Sinneswahrnehmungen verbunden sein. So sollen Gott, die Unsterblichkeit und geistige Substanz der Seele sowie die Freiheit des menschlichen Willens, „da ihnen kein Gegenstand in den Sinnen gegeben werden kann", auch nicht Gegenstand wissenschaftlicher Erkenntnis sein können; sie stellen sich nach Kant verstandesgemäß nur als Ideen im Sinne von Illusionen dar, deren Realität wir nicht beweisen können.

---

[1]) Diese Einteilung des Bewußtseinsinhaltes in Stoff und Form ist von Stammer (Neukantianer) zum Ausgangspunkt des Ordnens der Rechtsgedanken gemacht (vgl. S. 75 unten).

Diese Auffassung Kants ist, wie in Anbetracht der Menge seiner Anhänger nicht genug betont werden kann, irrig. Die menschliche Vernunft vermag Sinnliches und auch Übersinnliches mit Gewißheit zu erkennen. Die Gewißheit der Erkenntnis des Sinnlichen, das heißt die Erkenntnis der Dinge an sich, dessen, was die Dinge wirklich sind, des Wesens der Dinge, ist bereits oben dargelegt. Unter dem Wesen der Dinge haben wir den sich gleichbleibenden Grund der wechselnden Erscheinungen der Dinge, das Allgemeine und Notwendige in ihnen, zu verstehen. Die Vernunft erfaßt dies Wesen im Wege der oben dargelegten Abstraktion. Sie bildet allgemeine Begriffe, in denen sich unserem Verstande das Ding an sich nach seinem wirklichen, seinem wahren und bleibenden Sein offenbart. Denn diese Begriffe stammen ihrem allgemeingültigen Inhalte nach aus der Wirklichkeit, erleiden durch die Abstraktion keinen Abbruch an ihrer Richtigkeit. Unser Verstand fußt bei der Bildung der allgemeinen Begriffe auf dem Eindruck, den die Dinge durch Sinneswahrnehmung im Menschen erzeugen. Das Erkennen besteht ja darin, daß ein Gegenstand unserem Geist erscheint. Dieses Erkennen ist aber nicht etwas rein subjektives, sondern im wesentlichen objektiv, repräsentativ. Die abstrahierende Vernunft erschaut nicht nur die Erscheinungen, welche Gegenstand der Sinne sind, sondern, allerdings nur unvollkommen, unmittelbar durch die Erscheinung bezw. hinter und in ihnen (den Erscheinungen) das Ding selbst, sein Wesen. Denn die Tätigkeit des Dinges, seine Erscheinung, ist die Offenbarung des inneren Seins. Nicht die Erscheinungen, die Gegenstand unserer Sinne sind, sind die Gegenstände unserer Vernunft, sondern die Dinge selbst. Dieses Erkennen ist doch eine bewußte Erforschung, ein Begreifen der Wirklichkeit, an deren Vorhandensein zu zweifeln uns schon physisch gar nicht möglich ist. Die Dinge selbst erkennen wir und wenden unsere Erkenntnisse wieder mit Erfolg auf sie an, wir können uns also in der Erfassung ihres Wesens nicht getäuscht haben: Erscheinungen im kantischen Sinne, Dinge, über deren Existenz wir kein Wissensurteil abzugeben vermögen, können es nicht sein, wir müßten denn annehmen, daß es überhaupt kein Wissen mehr gibt, was schließlich zu einer Auflösung jeglichen sogenannten Erkennens zu einem bedeutungslosen Gedankenspiel führt. Kant verwickelt sich übrigens mit seiner Behauptung, daß wir nur Erscheinungen wahrnehmen, über die Existenz der Dinge aber kein Wissensurteil fällen können, in einen sein ganzes System richtenden fundamentalen Selbstwiderspruch, wie er jedwedem Skeptizismus anhaftet. Die menschliche Vernunft soll die Wirklichkeit nicht erreichen können, sie soll nicht das Wesen der Dinge, sondern nur Erscheinungen zu erkennen vermögen. Dabei ist dies eine Aussage über das innere Wesen, die Kraft und Tragweite der Vernunft selbst, eine Aussage über das wirkliche Wesen unserer Erkenntnis, also über das Ding an sich, von dem wir doch nichts sollen wissen können. Kant behauptet, die Vernunft könne keine objektive Wahrheit erkennen, und hebt durch diesen Satz, den er als volle, sichere Wahrheit ausgibt, dessen Wahrheit unmittelbar auf. Kant kann überhaupt nie behaupten, was ein Ding in Wirklichkeit sei, ohne sich selbst zu widersprechen. Jegliche Verbindung zwischen unserem Erkennen und der objektiven Wirklichkeit ist bei Kant abgebrochen. Unser Geist hat es nur mit subjektiven Erkenntnisformen und subjektivem Schein zu tun. Alles, was darüber hinausliegt, ist also unbekanntes Land, über das Kant gar nichts sagen kann und folgerichtig auch nichts sagen dürfte. Kant will in seiner Kritik der reinen Vernunft nachweisen, daß der Verstand etwas, was der wirklichen oder doch möglichen Erfahrung nicht zugänglich ist, zu erkennen völlig außer Stande sei. Es leuchtet aber doch ohne weiteres ein, daß eben dieser Satz, die Vernunft sei absolut unfähig, Übersinnliches sicher zu erkennen, kein Erfahrungssatz ist, kein solcher sein kann. Kant spricht somit zu gleicher Zeit die Unfähigkeit der Vernunft aus und behauptet deren Befähigung. Der Grundgedanke des Kant'schen Systems ist also Widerspruch, Skepsis [1]) und aus ihm kann daher auch nur Widerspruch entstehen. So hat denn auch Vaihinger, der Herausgeber der „Kantstudien" und eifrige Ver-

[1]) Der Skeptizismus, allgemeine Zweifel, erklärt ja nach dem oben (S. 18) Dargelegten, nichts könne sicher erkannt werden, und stellt doch eben diesen Satz .als sicher auf. Kants Kritizismus ist nichts anderes als ein verfeinerter Skeptizismus.

treter des Kantianismus, die Kritik der reinen Vernunft für das widerspruchvollste Buch erklärt. — Auch das schärfste wissenschaftliche Denken muß, will es nicht dem Skeptizismus verfallen und sich damit selbst richten, auf die unumstößliche Gewißheit der Existenz der Außenwelt hinauskommen[1]). Der größte Denker erreicht in dieser Hinsicht nichts anderes als der ungebildete Mensch, den das Leben zum Realisten erzieht. Im Leben sind wir überhaupt alle Realisten, denn sind wir es nicht, so werden wir gestraft wie kleine Kinder. „Die Welt selbst“, sagt denn auch der Mathematiker Study („Die realistische Weltanschauung und die Lehre vom Raume“ — 1914 — S. 8 ff.), „ist für uns die große Schule, in der wir, ohne Rücksicht auf die bewährten Grundsätze humaner Pädagogik, nämlich ohne jede Unterweisung, mit den einzigen Mitteln Erfahrung, Belohnung und Strafe zu Realisten erzogen werden. Erfahrung belehrt den Hund, daß hinter dem Spiegel nichts ist, durch Erfahrung lernt das Hühnchen, was gut schmeckt, und durch Schaden lernt das Kind, Feuer zu meiden. Wir sind aber meist recht willige Schüler, und alle versuchen wir, wie es von uns verlangt wird, unsere Gedanken den Tatsachen anzupassen und unser Wollen in den Schranken des Möglichen zu halten. Wir bemühen uns, durch Erraten die Sprache der Erscheinungen zu verstehen, wie wir einst als Kinder den Sinn der gesprochenen Sprache erraten und schließlich verstanden haben. Wir müßten ja zugrunde gehen, täten wir es nicht. Und alle führen wir dieses Gleiche auf die gleiche Weise aus: Ein jeder sucht hinter der Erscheinung unabänderlich, in jedem einzelnen Falle, das Ding. Er bearbeitet die Erscheinungen mit seinem Verstande, den er gerade dazu hat. Er sucht seine persönliche

---

[1]) Jerusalem, „Die Urteilsfunktion“, Wien 1895, erklärt: „Ich stehe nicht an, es auszusprechen, daß ich in der Behauptung, die Existenz der Welt erschöpfe sich im Gedachtwerden, das Resultat einer Hypertrophie des Erkenntnistriebes erblicke. Zu dieser Behauptung hat mich hauptsächlich die Qual geführt, die ich ausgestanden habe, ehe ich mit dem Idealismus fertig wurde. Wer es versucht, mit dieser Auffassung Ernst zu machen, dieselbe ganz zu durchdringen und sich mit ihr zu identifizieren, der wird fühlen, daß dabei etwas im Gehirn zu zerreißen droht.“

Zutat von ihr abzuziehen, und er wundert sich, wenn, im Falle des Traumes oder der Halluzination, es ihm ausnahmsweise einmal so vorkommt, als ob nichts übrig bliebe. Ist ihm die Gabe der Rede verliehen, so redet er dann von Irrtum, Täuschung, Gaukelspiel der Sinne. Wo aber etwas übrig zu bleiben scheint, da denkt er sich ausnahmslos ein Ding hinzu. Ein jeder erfindet sich so, nach Vermögen, gleich eine ganze Welt, eine Welt der Dinge, die er freihalten will von Träumen und Halluzinationen, von Trugbildern und Irrtum, die er weiterbestehen läßt, auch wenn er schläft und gar nichts von ihr bemerkt, von der er annimmt, daß sie vor ihm war und nach ihm sein wird. Er glaubt auch, daß diese Welt und diese Dinge und sogar noch andere Dinge, fremde Länder und nie gesehene Sterne z. B., wirklich da sind, wenn auch wohl nicht gerade so, wie er sie sich vielleicht ausgemalt haben wird. Ein jeder sucht seine Dinge, deren manche ihm einigermaßen beständig zu sein scheinen, wiederzuerkennen, er sucht hinter verschiedenen Erscheinungen „dasselbe" Ding. Er sucht den geheimnisvollen Zusammenhang dieser seiner Dinge zu ergründen und seine Begriffe und Gedankenbilder von ihnen zu verbessern, er fügt zur großen Kardinalhypothese des Realismus noch unzählige kleinere Hypothesen, kluge und törichte, und er versucht auf diese merkwürdige Weise das Primäre, Gegebene, die Erscheinung, als ein nur für ihn Primäres, „in Wirklichkeit", wie er sich ausdrückt oder wie es ihm scheint, Abgeleitetes zu begreifen. Er mag dabei gewaltig fehlgreifen, z. B. wenn er eine Lokomotive für ein beseeltes Ungeheuer oder eine Flugmaschine für einen Vogel ansieht. Aber immer erkennt er die sich unabweisbar aufdrängende Wirklichkeit, die Welt der Dinge, als eine höhere Instanz an, und unablässig sucht er ihre Entscheidungen zu verstehen, deren Gründe ihm niemals mitgeteilt werden ... Keine noch so scharfsinnig erklügelte Dialektik kann ihn in seinem Glauben an die Welt der Dinge auch nur für einen einzigen Augenblick irre machen. So braucht er sich auch nicht des sehr guten, eminent praktischen Grundes bewußt zu werden, der sich für solches Tun angeben läßt. Dieser ist, daß es durchaus nicht gelingen will, unmittelbar, ohne solche wenn auch noch so unvollkommene und fluktuierende Hilfskonstruktionen der Phantasie und des Verstandes, aus den Erscheinungen, besonders auch aus denen der anderen Ich-(Menschen), brauchbare Motive des Handelns, des Reagierens auf die Erscheinungen abzuleiten. Es ist das Verschwinden und die vielfach sogar annähernd periodische (tägliche) Wiederkehr derselben oder ganz ähnlicher Erscheinungen und die sonst unverständliche Gesetzmäßigkeit und Unabhängigkeit dieses Phänomens von unserem Willen, was uns hindert, die Erscheinungen als reine Produkte unseres Geistes anzusehen. Es ist die Möglichkeit, die wir dennoch haben, einen Teil vom Inhalt der Erscheinungen willkürlich zu variieren, was uns die Annahme des Ich genannten Sonderdings und die Annahme des Nicht-Ich aufdrängt. Wir erkennen im Ich wie in der Außenwelt zwei, wenn auch nur annähernd ruhende Pole in der Erscheinungen Flucht. Die gleichzeitig sich aufdrängende Unbedeutendheit des Ich im Weltganzen aber ist das, was uns gebieterisch zwingt, der Außenwelt die größte Aufmerksamkeit zu schenken und unser Verhalten nach ihrer vermuteten Beschaffenheit einzurichten." Mit diesen und noch vielen anderen treffenden Ausführungen ist Study gut gegen Kant vorgegangen; besonders hervorzuheben ist sein Hinweis darauf, daß es uns bei der Annahme, daß wir in anderen Menschen Erscheinungen vor uns haben, selbst unter Zuhilfenahme noch so unvollkommener Konstruktionen der Phantasie oder des Verstandes nicht gelingt, zu erklären, warum wir auf solche Erscheinungen reagieren. Es ist eben einfach unmöglich für uns, an der Existenz der Außenwelt zu zweifeln, und man muß sich einigermaßen wundern, daß Study selbst sie noch als Hypothese bezeichnet und S. 8 seines Werkes sogar erklärt, sie gehöre wohl zu denen, die auf ewig verdammt sind, Hypothesen zu bleiben. Dies dürfte wohl nur dahin zu erklären sein, daß Study wie viele andere keinerlei absolute Wahrheit anerkennen will, weil er kein felsenfestes Kriterium der Wahrheit kennt. Solcher Ansicht wird weiter unter (unter III) entgegengetreten werden. Hier ist zunächst noch das Folgende festzustellen:

c. Wir sind, wie nunmehr wiederholt gezeigt, physisch und durch erkannte Gründe unweigerlich gezwungen, ein Wissen von der Existenz und dem Wesen der Dinge, mit denen wir uns abzufinden haben, für uns in unbestreitbaren Anspruch zu nehmen. Durch die dargelegte Abstraktion erfassen wir das Wesen der Dinge. Das materielle Sein erhält, wenn es von der Geistseele erkannt wird, ein höheres, geistiges Sein. Dieses geistige Sein ist im wesentlichen objektiv, repräsentativ. Es isi der Ausspruch, die gedankliche Erfassung eines Wirklichen. Aus der Erfahrung heraus erfassen wir mit unserem Geiste im Wege der Abstraktion die Wirklichkeit in solcher Weise, daß wir uns über sie in Begriffen aussprechen können, die die volle Wahrheit wiedergeben, da ja die Begriffe, wie früher dargelegt, ihr objektives Fundament in den Dingen selbst haben, ein Umstand, aus dem ihre Notwendigkeit und Allgemeingültigkeit folgt. Geben nun aber die Allgemeinbegriffe die Wahrheit richtig wieder, so kann weiter mit ihnen über die sinnliche Welt hinaus zu übersinnlichen Wahrheiten vorgeschritten werden, falls richtige Schlußfolgerungen vorgenommen werden. Ob letzteres geschieht, können wir ja mit Sicherheit überwachen, denn auch die Logik, die sich in diesen Schlußfolgerungen dartut, baut sich auf evidente, zweifelsfrei wahre Prinzipien auf. Die Logik befaßt sich, wie man gemeinhin wohl sagt, mit der Ordnung, welche die Vernunft in den Dingen findet, insofern sie Gegenstand des Denkens sind. Gegenstand der Logik ist die Gedankenordnung. Unsere Gedanken sind Gegenstand der Logik, insofern sie in der Form von Begriffen, Urteilen und Schlüssen auftreten. Die Schlußfolgerung setzt sich zusammen aus Urteilen, das Urteil wiederum aus Begriffen. Alle bei der Logik in Betracht kommenden Momente gehen daher gemäß früheren Darlegungen auf die Dinge selbst zurück, enthalten Abstraktionen aus den Dingen und erzeugen dadurch objektive Wahrheit. Urteile, die aus allgemeinen Begriffen hervorgehen, enthalten Wahrheiten. Ihre sämtlichen Bausteine bestehen ja aus Wahrheiten. Sind nun die Begriffe, aus denen sie hervorgehen, von transzendentaler Allgemeinheit, dann wird durch richtige Schlußfolgerung unsere Erkenntnis auch in die Welt des Übersinnlichen mit zweifelsfreier Sicherheit hinübergeführt. Soweit die Begriffe reichen, die objektive Wahrheit erfassen, soweit reichen auch die aus diesen Begriffen gebildeten Prinzipien. Machen also die Begriffe eine die Sinnlichkeit übersteigende Welt erkennbar, so tragen sie unsere Erkenntnis auch in diese Welt hinein. Es fragt sich dann nur, ob es transzendente Begriffe gibt. Das aber ist der Fall. Schon früher wurde hervorgehoben, daß alle unsere Begriffe zwar aus der Erfahrung stammen, jedoch über diese hinausgehen. Der Begriffsinhalt wird, indem er aus den Dingen abstrahiert wird, zugleich verallgemeinert. Werden die Grenzen der Wirklichkeit abgestreift, dann umfaßt der Begriff auch das Nichtwirkliche, Mögliche. Werden ferner bei der Abstraktion, die auf das Wesen der Dinge geht, die Grenzen des Materiellen abgestreift, dann geht der Begriff über die sinnlich wahrnehmbare Welt hinaus und schließt auch eine transzendente Welt ein. Dies ist dann der Fall, wenn es sich um etwas handelt, das den sinnlich wahrnehmbaren Dingen nicht deshalb gemeinsam ist, weil sie stofflich sind. Das erste dieser Merkmale ist das Sein. Es ist im übrigen Tatsache, daß wir Vorstellungen von Dingen haben, die nicht Körper und nicht körperlich, also übersinnlich sind. Dies gilt auch von dem Begriff des Geistigen überhaupt. Es besteht ein evidenter Unterschied zwischen Körperlichem und Geistigem [1]. Dadurch gelangen wir zum Begriff der Geistseele, der ebenso wie allem Stofflichen der Begriff des Seins zugrunde liegt. Wir haben im Sein einen wahrhaft allgemeinen, schrankenlosen Begriff. Wahrhaft allgemein und ohne Schranken sind dann auch die sich auf solche Begriffe aufbauenden Prinzipien. Solche Prinzipien haben eine wahrhaft allgemeine Bedeutung.

Dies gilt in besonderer Weise vom Kausalitätsprinzip. Dies ist durchaus nicht nur für die sinnlich wahrnehmbare Natur in Geltung. Wir haben zunächst gar keinen rechten Grund, die Gültigkeit des Kausalitätsgesetzes auf die Gegenstände der sinnlichen Erfahrung einzuschränken. Der Begriff Ursache fordert kein stoffliches Substrat. Obwohl ferner der Begriff der Veränderung zunächst der materiellen Welt entnommen ist, so schließt

[1] Vgl. die Darlegungen S. 59 ff.

er doch nicht aus, daß es auch Veränderungen in einer nicht stofflichen Welt geben kann. Und selbst wenn es nur eine materielle Veränderlichkeit gäbe, so forderte sie doch den Schluß auf eine überstoffliche Ursache, da ja gerade das Kausalitätsprinzip sagt, daß ein Veränderliches nicht seine eigene Ursache sein kann, und alles Materielle als solches veränderlich ist. Im übrigen bilden wir uns den Begriff der Ursache auf Grund des Zeugnisses unseres Selbstbewußtseins. Wir haben das klare Bewußtsein, selbst das verursachende Prinzip der verschiedensten Veränderungen, leiblicher und geistiger, zu sein. Wir selbst bringen Gedanken und Willensentschlüsse in uns hervor, wir bilden sodann den Begriff der Ursache und ebenso den der Wirkung vor allem durch Abstraktion von unserem eigenen geistigen Denken und Wollen und kommen dann zu dem Schlusse, daß jedes Entstehen, jede Wirkung eine ausreichende Ursache oder, anders ausgedrückt, alles, was immer entstehen mag, eine wirkende Ursache haben muß. Es kann eben nichts sich selbst hervorbringen, weil nichts handeln kann, bevor es selbst existiert. Auch die sichtbare Welt mit ihrer Regelmäßigkeit in den Wirklichkeitszusammenhängen, diese Welt, die ganz unter einer gesetzmäßigen Ordnung steht, muß ihre genügende Ursache haben [1]). Ohne Ursache können wir uns nichts denken. Unser ganzes Denken, alle Wissenschaft beruht ja auf der Voraussetzung des Kausalitätsprinzips. Die Ursache der Welt kann aber nicht in ihr selbst liegen. Die erste

[1]) Diese gesetzmäßige Ordnung ist zweifellos eine beabsichtigte. Denn andernfalls müßte alles auf einen Zufall zurückgeführt werden. Letzterer ist aber im Gebiete der abstrakten Wahrheiten, bei den Denkgesetzen, bei den Sätzen der Arithmetik, ferner bei den Wahrheiten, die das Verhältnis der Merkmale eines Begriffs zueinander darstellen, absolut ausgeschlossen. „Hier herrscht absolute Notwendigkeit, weil unmittelbarer Zusammenhang mit dem Identitätsgesetz. Hier braucht es keine Induktion, keine Erfahrung, kein Abwarten irgendwelcher Konstanz der Gleichheit oder Ähnlichkeit der Fälle" (Reinhold, „Die Welt als Führerin zur Gottheit" — Mergentheim 1912, Verlag von Ohlinger — S. 171 ff.). — Es wird auf dieses Werk, in dem das Kausalitätsprinzip sehr klar entwickelt wird, noch besonders hingewiesen, desgleichen auf Reinholds Schrift „Die Gottesbeweise und ihr neuester Gegner" (Mach).

Ursache aller Dinge muß außerhalb derselben zu suchen, von den Dingen wesentlich verschieden sein, da die sichtbaren Dinge den Grund ihres Daseins nicht in sich haben. Der zureichende Grund für die Existenz eines Dinges, das nur eine beschränkte, endliche Seinsvollkommenheit aufweist (wie die ganze Welt), muß, auch abgesehen davon, ob die Existenz dieses Dinges erst mit einem bestimmten Zeitpunkte beginnt oder von Ewigkeit her gegeben ist, in einem anderen, von ihm verschiedenen Dinge liegen. Eine pantheistische Auffassung der letzten Ursache aller Dinge ist daher nicht möglich. Die Welt wird vielmehr von einer von ihr gänzlich unabhängigen intelligenten, sich gleichsam in ewige Gesetze hüllenden geistigen Macht beherrscht, die selbst unerschaffen sein muß [1]). Ein schwaches Ebenbild seines Schöpfers besitzt dann der Mensch in seiner Vernunft, die ihm in den echten unumstößlichen Wissenschaftsergebnissen eine Anteilnahme an der ewigen, unwandelbaren, untrüglichen höchsten Weisheit selbst verschafft. — Kann man dies noch leugnen, kann man an der absoluten Wahrheit echter wissenschaftlicher Erkenntnisse noch zweifeln? Muß man mit dem Hexenvolk im Goethe'schen „Faust" sagen:

Und wenn es glückt
Und wenn es sich schickt,
So sind es „Gedanken."? —

[1]) Wird der Begriff der Unerschaffenheit zu Ende gedacht, so ergibt sich daraus, daß das Urwesen notwendig, aus sich notwendig ist, nicht durch Zufall ist. Auch der sog. Zufall müßte doch einen Grund haben. Man kann nicht behaupten, daß das Urwesen sei, aber auch nicht habe sein können. „Denn der absolute Zufall im tiefsten Weltgrunde ist ebenso unmöglich in der wirklichen Welt wie unwissenschaftlich in der Welt der Gedanken." Es existiert, es lebt, denkt, fühlt nichts, was völlig grundlos wäre. Den letzten Grund aller Dinge auf absoluten Zufall (völlige Grundlosigkeit) zurückführen, heißt das Kausalitätsgesetz als falsch erweisen. Das ist aber nicht möglich. Die erste Ursache, das Unerschaffene, muß also aus sich notwendig sein. Vgl. Zimmermann, „Ohne Grenzen und Enden. Gedanken über den unendlichen Gott". Freiburg 1912, S. 12 f.

III. Die Existenz absoluter Wahrheit, absoluten Übereinstimmens zwischen Erkennen und Sein, wird noch von sehr vielen bezweifelt. Es soll keinerlei absolute, ewige, unveränderliche Wahrheit, insbesondere also auch nicht eine solche in Dingen des Rechts, geben. (Paulsen „Immanuel Kant. Sein Leben und seine Lehre" (1899) S. 399) stellt folgende Behauptung auf: „Die historisch-genetische Denkweise (der Gegenwart) hat die absoluten Wahrheiten überhaupt aufgegeben; es gibt, abgesehen von der Logik und Mathematik, nur relative, nicht ewige Wahrheiten. Die Wirklichkeit ist in beständigem Fluß, ihr folgt die Erkenntnis." Es ist nun von Paulsen inkonsequent, für die Logik und Mathematik unumstößliche Wahrheiten gelten zu lassen; denn gibt es in der Logik und Mathematik ewige Wahrheiten, so gibt es solche auch in der Philosophie; alsdann gibt es auch hier unumstößliche, absolute Begriffe und Grundsätze, dann ist überhaupt ein unwandelbares Fundament für alle Wissenschaften gegeben. Denn die Mathematik setzt ebenso wie die Logik eine große Menge allgemeiner Begriffe und Grundsätze voraus, so den Begriff des Seins, der Einheit, Vielheit, Ausdehnung usw. Es ist somit konsequenter, wenn Spitta („Mein Recht auf Leben" S. 63) erklärt: „Absolute Geltung kommt ihnen (gemeint sind die mathematischen Sätze) ebensowenig zu wie irgend einer anderen wissenschaftlichen Erkenntnis". Spitta meint (S. 61), wenn man mit einer gewissen Emphase behauptet habe, daß $2 \times 2 = 4$ sei überall, auf allen Planeten, und dies dahin erweitern, daß es dies überall und stets sei, in Vergangenheit, Gegenwart und Zukunft, von Ewigkeit zu Ewigkeit, so sei das nichts mehr als eine unerwiesene und unbeweisbare Behauptung; man behaupte da etwas, was kein Mensch wissen könne. Der Satz könne nur Geltung haben, wenn man voraussetze, daß der menschliche Intellekt der einzig denkbare, der Intellekt schlechthin sei; das aber stehe gerade in Frage. „Kann ich wissen", meint Spitta, „ob reine Wahrheit die Wahrheit ist? Antwort: ich kann es nicht wissen. Es gibt für uns nichts unbedingtes." Nach Spitta kann uns nur der Glaube unbedingte, absolute Wahrheit liefern. Dieser Glaube ist dann als ein inneres Erlebnis aufzufassen, als eine unmittelbare gewisse Überzeugung. Alle wissenschaftliche Gewißheit soll auf der Voraussetzung der Unveränderlichkeit unseres Intellekts beruhen; ob diese Voraussetzung aber zutrifft, sollen wir nicht wissen können. Deshalb sollen wir auch in den mathematischen Axionen keine unbedingte Wahrheit besitzen. Ist dem wirklich so?

Höchstes Kriterium der Wahrheit und letzter Grund jeglicher Gewißheit ist die objektive Evidenz, d. h. die einleuchtende Notwendigkeit einer erkannten Sache [1]). Wir haben nämlich in bestimmten Dingen unumstößliche Gewißheit und damit Wahrheiten, denen wir mit unerschütterlicher Festigkeit beipflichten, nicht nur infolge der natürlichen Einrichtung unseres Erkenntnisvermögens, das nun einmal so urteilen muß und nicht anders urteilen kann, sondern auf Grund der Einsicht, daß das, was wir fest für wahr halten, in den Dingen selbst so ist, wie wir es erkannt haben. Es gibt gewisse Sätze, an denen ein Zweifel einfach nicht möglich ist. Schon Augustinus hebt hervor: „Wer erkennt, daß er zweifelt, erkennt etwas Wahres und ist dieser von ihm erkannten Sache gewiß. Jeder also, der da zweifelt, ob es eine Wahrheit gibt, besitzt in sich selbst ein Wahres, an dem er nicht zweifeln kann." So an der Tatsache der eigenen Existenz, denn sie ist mit jedem Akte des Denkens, ja mit der Tatsache des Zweifels selbst unmittelbar gegeben. „Wer könnte zweifeln", sagt Augustinus, „daß er lebt, sich erinnert und erkennt und will und denkt und weiß und urteilt? Denn auch wenn er zweifelt, so lebt er, so erinnert er sich an das, woran er zweifelt, so will er Gewißheit haben, so weiß er, daß er nicht weiß, so urteilt er, daß er nicht vorschnell seine Zustimmung geben dürfe." Der Akt des Zweifels selbst begreift also schon eine Summe von Tätigkeiten und Ver-

[1]) Evidenz, Augenfälligkeit, bedeutet dem Worte nach jene Eigenschaft der Körper, durch die sie sich dem Auge unverkennbar kundtun. Von der sinnlichen Erkenntnis auf die geistige übertragen, ist unter Evidenz die einleuchtende Notwendigkeit der erkannten Sache, d. h. die klare Einsicht, daß die Sache so ist und nicht anders sein kann, zu verstehen. Die Evidenz wird hier vom Gegenstande ausgesagt; sie ist eine Eigenschaft der Dinge, also etwas objektives.

mögen in sich, die von dem auf sich selbst reflektierenden Geiste einfach anerkannt werden müssen; damit wird aber schon ein Inbegriff von Wahrheiten erfaßt. Man kann eben zeigen, daß gewisse Sätze selbst durch Leugnen und Bezweifeln behauptet werden. Sie sind zum Schutze der menschlichen Vernunft von der Natur so unverwüstlich geliefert, daß kein Skeptizismus sie jemals ins Wanken bringen kann. Sie sind evident. Die Evidenz ist allgemeines Kriterium der Wahrheit und, wie oben schon gesagt, letzter Grund aller Gewißheit. Ein anderes Kriterium der Wahrheit gibt es nicht. Ist die Evidenz, die von allen Menschen — bewußt oder unbewußt — als höchste Norm der Wahrheit ihrer Erkenntnis angesehen und angewandt wird, trotzdem nicht die richtige Norm, der vollauf genügende Grund der Wahrheit und unerschütterlichen Gewißheit, so müssen wir an jeglicher Wahrheit und Gewißheit unserer Erkenntnis zweifeln und gelangen damit zum vollendeten Skeptizismus, dessen Unhaltbarkeit früher schon nachgewiesen ist.

Die Evidenz als höchstes Wahrheitskriterium ist eine Eigenschaft der erkannten Sache. Denn die einleuchtende Notwendigkeit ergibt sich aus der Sache selbst. Das Fundament unserer abstrakten Erkenntnis ist aus den Dingen selbst entnommen. Die gesamte Wahrheitserkenntnis des Geistes beruht nicht in einer Erzeugung der Wahrheit von innen heraus, sondern in einer Annahme und Nachbildung der objektiv gegebenen Wahrheit. Des weiteren können wir dann auch von einer subjektiven Evidenz reden, worunter wir das Erkennen der einleuchtenden Notwendigkeit der Sache zu verstehen haben. Bezeichnen wir jedoch die Evidenz als höchstes Kriterium der Wahrheit und letzten Grund aller Gewißheit, so ist darunter nur die objektive Evidenz gemeint. Denn die natürliche Nötigung, gewisse Wahrheiten als solche anzuerkennen und fest für wahr zu halten, kann nur demjenigen ein Grund des festen Fürwahrhaltens sein, der vorher auf untrügliche Gründe hin erkannt hat, daß die Nötigung des Fürwahrhaltens als sichere Führerin bei Erkenntnis der Wahrheit in ihm vorhanden sei. Diese untrüglichen Gründe aber ergeben sich aus den Dingen selbst und sind nicht etwa subjektive Gefühle, wie solche

Raoul Richter („Der Skeptizismus in der Philosophie", Leipzig 1904, Bd. I, S. 152, 153 sowie S. 265) als Kennzeichen der Wahrheit aufstellt.

Die schon von der ganzen Scholastik stets festgehaltene Lehre von der objektiven Evidenz als dem höchsten Wahrheitskriterium ist allein imstande, uns vor vollendetem Skeptizismus zu bewahren. Sie wird deshalb auch von verschiedenen zeitgenössischen Philosophen, die mit der Scholastik nichts zu tun haben, vertreten. Einige derselben führen zwar statt der objektiven Evidenz die „logische Denknotwendigkeit" oder „die logische Evidenz" als Grund der Gewißheit unserer Erkenntnis an; sie erklären jedoch dieses an und für sich subjektive Prinzip so, daß es sich auf die „sachliche Notwendigkeit des Nichtanders-sein-könnens" stützt. So sagt Grotenfeld: „Wenn ich einen Fall von völlig verschiedener Denkevidenz, z. B. ein formales logisches Gesetz oder eine mathematische Gewißheit, näher ins Auge fasse, so bemerke ich, wie mir scheint, folgendes: Bei der denkenden Erfassung eines derartigen Satzes tritt mir unmittelbar ins Bewußtsein erstens die vollkommene, absolute Denknotwendigkeit meines formulierten Gedankens, daneben zweitens auch das Bewußtsein, daß sich hierin nur die sachliche, objektive Selbstverständlichkeit des Gedachten ausspricht. Daß diese letztere Bewußtseinsbestimmung sich daran knüpft, ist eben das Charakteristische der logischen Notwendigkeit (Zeitschrift für Philosophie und philosophische Kritik, VIII, 32). Volkelt, „Erfahrung und Denken", erklärt: „Diese Vorstellungsverknüpfungen sagen gewissermaßen zu meinem Bewußtsein: es ist nicht . . . ein Dir in widersinniger Weise auferlegter Zwang, an eine vorliegende Vorstellung gerade diese und keine andere zu heften, sondern Du stehst dabei unter der Einwirkung der aus der Sache, um die es sich handelt, entspringenden Forderung. Und dieser Gedanke stellt sich mir nicht etwa als ein äußerer Begleiter dieser Vorstellungsverknüpfungen dar, sondern es ist ein mit und in ihnen zugleich auftretender Bewußtseinsfaktor". Es ist „die einfache und schlichte Natur der Sache selbst", die „mich nötigt, meine hierauf sich beziehenden Vorstellungen so und nicht anders zu verknüpfen. Eben diese direkte, reine Abhängigkeit meiner

Vorstellungsverknüpfungen von der in der Sache liegenden Bedeutung ist es, was ich als sachliche oder logische Notwendigkeit bezeichne" (S. 140 a. a. O.).

Für unseren menschlichen Verstand ist eine Sache dadurch evident, daß sie sich so offenbart, daß wir zugleich mit voller Klarheit erkennen, daß sie gar nicht anders sein kann, als wir sie erkennen. Die Evidenz ist das unmittelbare Gewahrwerden der Wahrheit. Wer diese Evidenz in einem bestimmten Falle erlebt, für den gibt es kein Bedenken einer Täuschungsmöglichkeit mehr.

Als evident werden nun nicht die einzelnen Begriffe, sondern nur Urteile und Schlüsse oder Wahrheiten bezeichnet, da die Erkenntnisse sich in Urteilsform kleiden lassen. Was für Urteile (Sätze, Grundsätze, Wahrheiten) gibt es nun, bei denen die Beziehung von Urteilssubjekt und Urteilsprädikat durch sich selbst einleuchtet, also unmittelbar gewiß, evident ist? Zunächst drei, nämlich einmal die Existenz des denkenden Subjekts, dann das Prinzip des Widerspruchs, d. h. der Satz, daß dasselbe nicht zu gleicher Zeit und unter derselben Rücksicht sein und nicht sein, so und zugleich anders sein kann, und drittens der Satz von der Befähigung der Vernunft für die Erkenntnis der Wahrheit. Dazu kommt dann als weitere wichtige Grundwahrheit das Kausalitätsgesetz, d. h. der Satz, daß alles seinen hinreichenden Grund haben muß. Eine jede Beweisführung setzt diese Sätze bereits voraus, so daß ein Beweis dieser Sätze immer eine petitio principii enthält. Ein Zweifel an der Wahrheit dieser Sätze ist im übrigen gar nicht möglich, er würde zur vollendeten Skepsis, zu widersinniger, unhaltbarer Inkonsequenz führen[1]). Der konsequente Zweifler müßte sich bekanntlich jedes Urteils und jeden Entschlusses enthalten, muß aber doch auch dazu einen entsprechenden Entschluß fassen, kann also die Enthaltung von jeglichem Entschlusse gar nicht durchführen. Aus der Widerlegung des Skeptizismus ergibt sich, daß Wahrheit und Gewißheit der Erkenntnis möglich ist, und zwar nicht nur für das einfache sondern auch für das

[1]) Wer die Berechtigung des Zweifels an der Richtigkeit des Kausalitätsgesetzes zu beweisen sucht, anerkennt dabei gerade den Satz vom zureichenden Grunde, den er in Zweifel zieht.

wissenschaftliche, das reflektierende Denken. Die Wahrheit und Gewißheit behaupten ferner auch vor jeglicher Kritik die Stellung, die ihnen das gewöhnliche Bewußtsein jedes normalen Menschen zuweist. Die Anhänger des Kritizismus gelangen zu einer subjektiven Auffassung der Wahrheit und Gewißheit. Daß diese dem gewöhnlichen Bewußtsein widerstreitet, ist klar. Das einfache Bewußtsein kennt nur eine Wahrheit und Gewißheit, die in der objektiven Welt der Dinge ihren Grund und ihr Maß hat. Die modernen Anhänger des Kritizismus behaupten, Wahrheit und Gewißheit seien nur im Bewußtsein vorhanden, und da dieses etwas Immanentes, nicht über das Subjekt Hinausgehendes sei, so seien auch Wahrheit und Gewißheit subjektiv zu verstehen. Bei dieser Argumentation wird aber übersehen, daß gerade das Bewußtsein dagegen zeugt. Denn es ist zwar richtig, daß das Bewußtsein unser Erkennen als einen immanenten Akt bezeugt; das Erkennen entspringt aus dem Verstande und bleibt in ihm; dasselbe Bewußtsein bezeugt aber auch, daß der betreffende Erkenntnisakt durch seine Bedeutung auf etwas hinweist, was von ihm selbst verschieden ist und ihm als Objekt der Erkenntnis gegenübersteht. Damit ist aber die Objektivität der Wahrheit und Gewißheit gegeben. Die objektive Gewißheit ist eine durch zwingende Gründe gestützte Wahrheit. Die Wahrheit der Erkenntnis ist zwar eine Eigenschaft des Verstandes, sie schließt aber einen vom Verstande verschiedenen Gegenstand ein, ist also nicht rein subjektiv, sondern objektiv, wie denn auch die Notwendigkeit und Allgemeinheit unserer gesamten wissenschaftlichen Erkenntnis in den Dingen ihren Grund hat und in dem Subjekte nur insofern, als dieses die allgemeinen und unveränderlichen Gesetze zu erkennen vermag, denen die Dinge unterworfen sind.

Auch der Positivismus hat sich sehr eingehend mit den Kriterien der Wahrheit beschäftigt. Er will natürlich keine anderen Erkenntnisse zugeben als diejenigen, die sich auf positive Tatsachen vermittels der Erfahrung stützen. Infolgedessen tritt aber gebieterisch die Forderung auf, die Wahrheit der Erfahrung zu begründen, was doch nicht wieder durch Erfahrung geschehen kann. Von vielen Positivisten wird ferner die darwinistische Anpassung auf das Erkennen übertragen. Das Erkennen soll seine Norm, Richtigkeit und Wahrheit in der Anpassung an die Erfahrung haben. Dies vom Positivismus aufgestellte Kriterium zerstört nun aber alle Gewißheit. Denn die Erfahrung als solche kann nur konkrete Tatsachen liefern und sagt uns allein noch nichts über die Allgemeingültigkeit und Notwendigkeit einer Erkenntnis. Letztere ergeben sich erst aus einem über die Erfahrung hinausgehenden Denkakte. Die Erfahrung ist mit Denken ganz durchtränkt[1]). Dies Denken führt zur festen Überzeugung von der Notwendigkeit und Allgemeingültigkeit bestimmter Abstraktionsergebnisse und zur objektiven Evidenz als oberstem Wahrheitskriterium, weil ein Zweifel an der Richtigkeit dieser Ergebnisse dem Menschen gar nicht möglich ist. Der menschliche Verstand kann bei folgerichtigem Denken zu keinen anderen Ergebnissen kommen. Wer nicht der Skepsis verfallen will, muß absolute Wahrheiten annehmen. Denn die Relativisten sind, mag es noch so oft bestritten werden, im Grunde genommen Skeptiker, wie ja auch eine der zehn Tropen (Weisen), durch welche die griechischen Skeptiker den Zweifel begründeten, auf die Relativität überhaupt hinauslief. Der Relativist muß daher auch alle Konsequenzen, alle Widersprüche des Skeptizismus mit auf sich nehmen. Der Relativist weiß nie, ob er die Wahrheit hat; bei allem, was er für wahr hält, muß er sich sagen, daß es für ihn dann, wenn er etwa einen anderen Verstand hätte oder in einer späteren Zeit lebte, sich auf einer anderen Entwickelungsstufe befände, oder überhaupt anderswo — beispielsweise auf dem Sirius — wohnte, möglicherweise das genaue Gegenteil wahr sei. Der Relativist muß folgerichtig auf alle Gewißheit verzichten. Damit behauptet er aber wiederum in einem Atem, er habe keine Gewißheit, und zugleich, er habe die Gewißheit, daß er keine habe, oder doch, daß es ihm zweifelhaft sei und sein müsse, ob er eine Gewißheit habe. Die Relativisten scheitern also bei der Begründung ihrer Lehre am Selbstwiderspruch. Um etwas leugnen oder bezweifeln zu können, muß man sichere Normen zur Ver-

[1]) Vgl. die Ausführungen S. 22 ff. oben.

fügung haben, die den Zweifel oder die Leugnung rechtfertigen. Hieran gebricht es aber den Relativisten. Die Relativisten sagen ferner sehr oft, es gebe keine absolute Wahrheit, denn es gebe nichts Unwandelbares. Damit setzen sie aber doch den Begriff des Wandels, den Begriff des Entwickelungsprozesses als eines ewigen, unwandelbaren Begriffs, der heute gilt wie er vor Jahrtausenden gegolten hat und in unabsehbaren Zeiten noch gelten wird, voraus. Schon mit diesem Begriff der Entwickelung haben sie dann das Vorhandensein einer festen absoluten Wahrheit behauptet. Warum endlich ist es ausgeschlossen, daß etwa für den einen Verstand dies und für einen anderen, anders gearteten, höher entwickelten oder anders interessierten Verstand das kontradiktorische Gegenteil wahr sei? Antwort: Weil dies eine ganz falsche Anwendung des evidenten Satzes vom Widerspruch wäre. Dieser besagt ja, daß ein und dasselbe nicht zugleich und unter derselben Rücksicht [1]) sein und nicht sein kann. Es ist daher eine Torheit, die Richtigkeit der Erkenntnis als von der Zeit und den realen Verhältnissen angreifbar vorzustellen [2]).

Wir müssen somit fest überzeugt sein, daß unser Intellekt so beschaffen ist, daß er fähig ist, die Wahrheit zu erkennen und zugleich zu erkennen, daß es nur eine objektive Wahrheit gibt. Etwas anderes anzunehmen ist eben uns Menschen bei folgerichtigem logischen Denken unmöglich. Die Ansicht Spittas, wir müßten, um unseren Erkenntnissen absolute Geltung zuschreiben zu können, wissen, daß unser Intellekt der einzig denkbare, der Intellekt schlechthin sei, ist durch nichts zu begründen und nach dem Dargelegten irrig. Benno Erdmann schreibt allerdings auch in seiner Logik (I² 1907, S. 527 ff.): „Mit überwiegender Majorität ist seit Aristoteles behauptet worden, daß die modale Notwendigkeit der Grundsätze unseres Denkens und damit aller apo-

[1]) Mit den Worten „unter derselben Rücksicht" wird etwas im Objekt bezeichnet, nicht eine Rücksicht auf das erkennende Subjekt.

[2]) Alles, was auf einen Widerspruch mit den evident feststehenden allgemeinen Denkgesetzen hinausläuft, muß falsch sein; denn andernfalls müßten wir ja auch an der Richtigkeit dieser Denkgesetze zweifeln, was für uns aber unmöglich ist.

diktischen Urteile eine unbedingte, ihre Geltung also eine ewige sei ... Der Beweisgrund für diesen Anspruch wird logisch im allgemeinen in der Denkwidrigkeit der widersprechenden Urteile gesucht. Aber dieser Beweisgrund ist nicht stark genug, die Folge einer ewigen oder unbedingten Geltung zu tragen. Denn die Undenkbarkeit des kontradiktorischen Urteils beweist doch nur, daß die apodiktischen Urteile Bedingungen unseres Denkens wiedergeben ... Wir sind außer Stande, die logischen Grundsätze unseres Denkens als die Bedingungen und Normen jedes möglichen Denkens nachzuweisen ... Wir sind sogar nicht einmal imstande, zu behaupten, daß unser Denken an jene Bedingungen und diese Normen ewig gebunden sein müsse. Denn wir haben sicher kein Recht, die Ewigkeit unseres Denkens anzunehmen ... Wir können demnach nicht umhin, einzugestehen, daß alle diese Sätze, deren widersprechende Gedanken widersinnig und deshalb unvollziehbar sind, nur unter Voraussetzung der Beschaffenheit unseres Denkens notwendig sind, die wir tatsächlich in uns erleben ... Die Notwendigkeit der apodiktischen Urteile ist demnach keine unbedingte, sondern eine bedingte, keine kategorische, sondern nur eine hypothetische". Der sich hierin kundgebende sog. Anthropologismus oder Psychologismus ist sogar die am meisten verbreitete Ansicht der modernen Logik. Die Verfechter dieser Ansicht heben zunächst hervor, daß Wesen und Gesetze von Begriff, Urteil und Schluß seelische Tatsachen seien, und weisen dann darauf hin, daß letztere von der psychologischen Erfahrungswissenschaft bestimmt werden, die hinsichtlich der von ihr festgestellten Formen und Gesetze des Denkens nur erklären könne, daß sie die Weise angeben, in der die Menschen gemäß ihrer Geistesorganisation die Gegenstände auffassen. Daraus soll sodann folgern, daß alle Erkenntnis stets nur wahr für den Menschen, nur relativ wahr sei, der Mensch also von keinem Urteil behaupten könne, daß es absolut wahr sei. Diese Theorie ist aber, wie auch Edmund Husserl (Logische Untersuchungen) hervorhebt, durchaus falsch und deshalb aus allen Kräften zu bekämpfen. Sie übersieht eben, daß wir die Denkgesetze doch auf Grund unserer Erfahrung von den objektiv vorhandenen Dingen entnehmen, auf die wir im praktischen Leben die Denkgesetze weiter mit Erfolg anwenden und uns dabei von ihrer absoluten Richtigkeit überzeugen. Unsere Gedanken, unsere Urteile existieren in der Seele. „Sie sind tatsächliche Geschehnisse des Seelenlebens. Als solche entstehen sie unter dem Einfluß bestimmter innerer Vorgänge. Natürlich folgen diese die Urteilsgeschehnisse erzeugenden psychischen Vorgänge gewissen Gesetzen. Diese Kausalgesetze der seelischen Urteilsvorgänge sind die psychologischen Denkgesetze. Sie sind der Inbegriff der Regelmäßigkeiten, welche das Verhältnis zwischen den Urteilsvorgängen einerseits und den übrigen teils vorausgehenden, teils begleitenden seelischen Vorgängen anderseits betreffen. Diese Kausalbeziehungen bilden das psychologische Untersuchungsergebnis des Urteils. Dasselbe ist noch fast ganz unerforschtes Land. Die einerlei wie entstandenen Urteile haben aber noch eine andere Seite oder Beziehung. Diese besteht in dem Verhältnis des Urteilsinhaltes zu dem Gegenstande seiner Intention. Er will diesen Gegenstand darstellen, will ihm entsprechen, und danach, ob dies tatsächlich der Fall ist oder nicht, richtet sich, ob er wahr oder falsch ist. Diese intentionale Beziehung des Urteils ist die logische Seite desselben. Sie hat keinen psychologischen Sinn mehr; denn wann, wie, wo, bei wem der Urteilsinhalt als Bewußtseinserlebnis erzeugt worden ist, das bleibt für seine Übereinstimmung mit dem Gegenstande, auf den seine Intention zielt, an sich ganz gleichgültig. Für diese intentionale Beziehung des Urteilsinhaltes kommen m. a. W. die Kausalverhältnisse des Urteilsvorganges absolut nicht in Betracht, sondern nur die normativen Verhältnisse zwischen Gegenstand und Urteilsinhalt. Deshalb gibt es auch für sie nicht „Denkgesetze", sondern Grundsätze oder logische Prinzipien. Konsequent bildet die wissenschaftliche Untersuchung der Grundsätze der intentionalen Beziehung die Aufgabe einer von der Psychologie spezifisch verschiedenen Disziplin. Man nennt dieselbe Logik. Somit sind Logik und Psychologie, obwohl sie sich beide mit dem Denken beschäftigen, dennoch spezifisch verschiedene Wissenschaften. Und die Logik ist nicht von der Psychologie abhängig; denn die logischen Grundsätze sind, wie soeben gezeigt, mit den psychologischen Denkgesetzen nicht identisch, sodaß die Logik die Kenntnis der ersteren den Angaben, welche die

Psychologie von den letzteren macht, nicht entnehmen kann. Weit eher ist die Psychologie von der Logik abhängig. Denn sie hat zu erforschen, in welcher Weise die von der Logik unterschiedenen Denkformen und Grundsätze im tatsächlichen Leben der Seele verwirklicht werden." (Geyser „Einführung in die Psychologie der Denkvorgänge", 5 Vorträge, 1909, S. 83, 84.) Diese Unterscheidung von Logik und Psychologie enthält die prinzipielle Absage an den Psychologismus [1]). Der Mensch kann durch seinen Verstand das Wesen, das eigentliche Sein der Dinge in gewissem Umfange mit absoluter Sicherheit erreichen. Er kann durch solches Wissen die Wahrheit, die für ihn evidenten Sätze derselben fest erfassen und sein Wissensgebäude darauf errichten, ohne auf den reinen Glauben angewiesen zu sein. Der Glaube im engsten und eigentlichen Sinne ist zwar auch ein festes Überzeugtsein, aber nicht wie das Erkennen (Wissen) ein solches auf Grund eigener Einsicht in die sachliche Bedingtheit, die Evidenz der Sache, sondern ein solches auf Grund einer Bezeugung durch andere, die uns als maßgebend entgegentritt. Wissen und Glauben lassen sich oftmals schwer scheiden, zumal eben zum Glauben eigentlich auch das gehört, was wir auf Grund der Zeugnisse anderer Forscher „wissen" (wie wir zu sagen pflegen). Allerdings hängt dies letztere „Wissen" wiederum doch noch mit der objektiven Evidenz zusammen. Denn auch bei diesem Wissen haben wir uns von seiner Zuverlässigkeit dadurch vergewissert, daß wir uns von dem Ernst, der Sachlichkeit und der Gediegenheit der Forschungsmethode der betreffenden Forscher, ihrem Fußen auf evidenten Prinzipien, Rechenschaft abgelegt haben. Wir sind ja auch überzeugt, daß die erkennenden Subjekte auf Grund ihrer gleichartigen Beschaffenheit von den gleichen Objekten dann, wenn sie zu ihnen in die Beziehung des Erkennens treten, die gleiche Vorstellung erlangen und wir uns daher durch die gleichen Vorstellungen über die gleichen Objekte verständigen können. Auch diese Überzeugung ist uns evident feststehend geworden [2]).

---

[1]) Vgl. auch Geyser, „Über Wahrheit und Evidenz" (Freiburg 1918).

[2]) Mitunter wird unter „Glauben" ein weniger bestimmtes Fürwahrhalten als das Wissen, zuweilen sogar ein ganz unklares, un-

Nach allem Dargelegten gibt es ein festes, sich für jeden denkenden Menschen auf evidente oberste Prinzipien aufbauendes, mit absoluter Wahrheit erfaßbares Wissen, auf das sich die Wissenschaft aufbauen kann. Was ist letztere nun?

§ 3.

Über die Wissenschaft und die Einteilung der Wissenschaften.

Die Scholastik definierte die Wissenschaft als eine cognitio certa et evidens ex causis. Die Wissenschaft handelt nach scholastischer Auffassung nur von Dingen, die so, wie sie sind, sein müssen und nicht anders sein können. Der Wissenschaft kommt dadurch Notwendigkeit und damit Unveränderlichkeit und Allgemeinheit zu. Die Wissenschaft baut sich auf das Vorhandensein der für jede Beweisführung unerläßlich notwendigen Sätze auf, die keines Beweises bedürfen, weil ihre Geltung unmittelbar einleuchtet, evident ist. Alle wirkliche Wissenschaft ist auf diese Sätze zurückführbar. Jeder muß bei scharfem Denken auf sie kommen.

sicheres Meinen, oftmals jedoch auch ein festes Fürwahrhalten verstanden, das sich aber nicht wie das Wissen nur auf die klare Einsicht in die Sache selbst, sondern vielfach auf praktische Erwägungen stützt, die manchmal ein mindestens so festes Fürwahrhalten wie das Wissen begründen. — Glauben und Wissen sind keine scharfen Gegensätze, ergänzen sich vielmehr, gehen ineinander über. Sie basieren ja auch vielfach unbewußt auf denselben Grundlagen, nämlich den aller Menschen Erkenntnis zugänglichen evidenten Wahrheiten von der eigenen Existenz und derjenigen der realen Außenwelt sowie von der Befähigung der menschlichen Vernunft für die Erkenntnis der Wahrheit. Das Wissen selbst stützt sich ursprünglich sozusagen auf den Glauben, indem es den Satz von der Befähigung der menschlichen Vernunft für die Erkenntnis der Wahrheit zunächst als selbstverständlich hinnimmt und erst durch weiteres Nachdenken zum Wissenssatz erhebt. — Den deutlichsten Unterschied zwischen Glauben und Wissen hat man jedoch gemeinhin darin gefunden, daß beim Glauben an die Stelle der inneren Gründe das Zeugnis anderer tritt. „Quod scimus, debemus rationi, quod credimus, auctoritati“, sagt schon Augustinus, der „Meister derer, die da wissen“.

Sie sind gewiß jedem normalen, erwachsenen Menschen etwas Selbstverständliches. Sie sind aber deshalb durchaus nicht so unbeachtlich wie Rumpf („Gesetz und Richter", Versuch einer Methodik der Rechtsanwendung, Berlin 1906, S. 44 [6. Kapitel, „Logische Denkgesetze im Recht"]) annimmt. Ihre verstandesgemäße Begründung, die zugleich eine Verurteilung des Skeptizismus und aller auf ihn hinauslaufenden philosophischen Anschauungen, insbesondere des jetzt auch schon in die Jurisprudenz eingedrungenen Relativismus [1]) enthält, gibt die Grundlage für jeglichen wissenschaftlichen Aufbau ab.

Hält man sich nun streng an den auch schon von den alten Philosophen dahin bestimmten Begriff des wahren Wissens, daß es Erkenntnis aus dem Grunde sei, verbunden mit der Einsicht, daß das Erkannte sich notwendigerweise so verhalten müsse, wie es erkannt wird, so bekommt man eine ziemliche Einschränkung für den Begriff der Wissenschaft. Es scheidet dann gerade diejenige Wissenschaft als wahre Wissenschaft aus, die heute den größten Anspruch auf den Wissenschaftscharakter erhebt, nämlich die Naturwissenschaft. Früher stieß man sich nicht an dieses Ergebnis. Von Aristoteles bis über John Locke hinaus hielt man vielmehr daran fest, daß sich in der Erkenntnis der Naturvorgänge nur eine gewisse Wahrscheinlichkeit erreichen lasse, weil diesen die erkennbare Notwendigkeit fehle, die doch Bedingung des wirklichen Wissens sei. Das wissenschaftliche Urteil wird eben nach früherer Auffassung notwendig durch ein auf die Evidenz der Prinzipien zurückgeführtes Erkennen bestimmt. Heute wird der ganz strengen Auffassung vom Wissenschaftsbegriff nicht mehr gehuldigt. Wir erblicken in der Natur eine festgefügte Ordnung, einen Inbegriff von Faktoren mit so festgeregelter Wirksamkeit, daß immer und unausweichlich bei dem Eintritt bestimmter Be-

---

[1]) Vgl. G. Radbruch, „Grundzüge der Rechtsphilosophie" (1914). Radbruch ist, nebenbei gesagt, so überzeugter Kantianer, daß er in Verteidigung der Apriorität des Rechtsbegriffs S. 33 ganz apodiktisch den Satz aufstellt: „Es haben nicht die Rechtserscheinungen den Rechtsbegriff demokratisch über sich gesetzt, sondern er hat „von Gottes Gnaden" die Herrschaft über sie ergriffen".

dingungen auch bestimmte Folgen sich ergeben und die Wiederkehr der gleichen Bedingungen die Wiederkehr der gleichen Folgen nach sich zieht. Die ganze exakte Forschung beruht auf dieser Annahme, die wir in Anbetracht unserer menschlichen Bedürfnisse der Evidenz gleichstellen, da wir gezwungen sind, uns mit der Natur zu befassen, und das innerste Wesen derselben doch nicht erfassen können; wir bringen sogar der durch Beobachtung und Experiment, durch Messung und Berechnung begründeten Naturwissenschaft das größte Maß von Zuverlässigkeit entgegen. Dies hat den Wissenschaftsbegriff dahin beeinflußt, daß die moderne Wissenschaft auch die Erkenntnis und Feststellung von Tatsachen im eigenen Bewußtsein und in der Natur und Geschichte zur Wissenschaft rechnet. Es wird dabei aber nicht jede derartige Entdeckung schon für sich als Teil der Wissenschaft bezeichnet, sondern sie fällt unter die wissenschaftlichen Ergebnisse nur insofern, als sie sich unter die Gesamtheit bestimmter Kenntnisse einreiht, die von ein und demselben Prinzip zur Einheit gebracht, von einem einheitlichen System beherrscht werden. So definiert deshalb auch Chamberlain S. 731 a. a. O. die Wissenschaft als methodische Verarbeitung des Entdeckten zu einem bewußten systematischen Wissen. „Zum Wesen der Wissenschaft", bemerkt ferner Husserl (Logische Untersuchungen, 1900/01, I, S. 15), „gehört die Einheit des Begründungszusammenhanges", denn „das Reich der Wahrheit ist kein ungeordnetes Chaos, es herrscht in ihm Einheit der Gesetzlichkeit." „Durch das Streben nach Einheit scheidet sich die Wissenschaft von bloßer Kunde" (Stammler, „Die Lehre vom richtigen Rechte", 1902, S. 5). Unter Wissenschaft verstehen wir also „nicht einfach eine Summe von Wissen, von anerkannten Wahrheiten, die so unverbunden nebeneinanderstehen, wie sie ein Mensch vielleicht im Laufe seines Lebens findet. Nicht die Fülle des Wissens macht die Wissenschaft aus, sondern es ist eine Einheitlichkeit erforderlich. Doch nicht der Mensch ist es, der durch zufällige oder willkürliche Verbindung die Summe des Wissens zur Einheit der Wissenschaft zusammenschließt, sondern die Einheit besteht in der Welt der Gegenstände, auf die die wissenschaftliche Tätigkeit sich erstreckt. Der Zusammenhang dieser Gegenstände entsteht nicht willkürlich, sondern er besteht, wird vorgefunden" (Salomon, „Das Problem der Rechtsbegriffe", 1908, S. 6, 7).

Der menschliche Geist vermag ein Wissensgebiet nur dadurch zu beherrschen, daß er es systematisch gliedert, es unter einheitliche Gesichtspunkte bringt. Dabei darf aber niemals außer acht gelassen werden, daß dieses Systematisieren etwas zur Beherrschung bestimmten Wissens Erforderliches ist ohne an sich schon ein genügendes Kriterium des Wissenschaftsbegriffes abzugeben. Die Wissenschaft kann vielmehr, soweit es sich nicht um Feststellungen in der Natur, der Geschichte und dem eigenen Bewußtsein handelt, nach allem bereits Dargelegten nur ein solches systematisches Erkennen sein, das die Objekte, mit denen es sich zu befassen hat, auf die sie beherrschenden Prinzipien zurückführt, die evident sind, absolute Wahrheiten enthalten [1]).

Bei den Mengen menschlicher Erkennungsobjekte ist nun die Wissenschaft als Ganzes dem einzelnen Menschen nicht erfaßbar. Es ist deshalb eine Teilung in Einzelwissenschaften geboten. Alle wissenschaftlichen Erkenntnisse, die sich auf ein und dieselbe Sache beziehen, vereinigen sich zu einem besonderen wissenschaftlichen System, bilden eine besondere Wissenschaft. Aus diesen besonderen Wissenschaften schöpft dann die Philosophie als die Zentralwissenschaft, welche die Dinge, sofern sie durch die menschliche Vernunft erkennbar sind, aus ihren letzten Gründen zu begreifen sucht. Durch letzteres unterscheidet sich die Philosophie von den

[1]) Nach Sternberg, „Allgemeine Rechtslehre" — I, S. 143 — ist Wissenschaft ein in sich widerspruchsloses Wissenssystem, ein Wissen, dessen gesamter Inhalt sich unter einheitlichem Gesichtspunkt zusammenfassen läßt, worauf allein die Eigenschaft der Jurisprudenz als einer Wissenschaft gestützt werden könne und müsse. (Vgl. auch Mathieu Schwan in der Deutschen Jur.-Ztg. 1900, 513, sowie Wundt, Logik II, 2 S. 535.) Dies kann nach obigem nicht zugegeben werden. — Schloßmann („Recht und Rechtssätze" S. 189) sagt zutreffend: „Alle wahre Wissenschaft forscht nach absoluten Wahrheiten". — Dilthey („Einleitung in die Geisteswissenschaften" I, 5) erklärt: „Unter Wissenschaft versteht der Sprachgebrauch einen Inbegriff von Sätzen, deren Elemente Begriffe, d. h. vollkommen bestimmt, im ganzen Denkzusammenhang konstant und allgemeingültig sind".

besonderen Wissenschaften, die bei der Befassung mit den besonderen Bestimmungen der Dinge diese nicht immer auf die letzten, sondern — soweit dies genügt — auf die nächsten Gründe, Prinzipien, zurückführen.

Die Einzelwissenschaften werden gewöhnlich in Natur- und Geisteswissenschaften eingeteilt. Letztere sind auf die Erforschung des Seelenlebens gerichtet, während die Naturwissenschaften die räumlichen Gegenstände betreffen. Oft wird aber unter die Naturwissenschaften auch die empirische Psychologie als Lehre von der Beschaffenheit des Menschengeistes gezählt, wogegen dann als Objekt der Geisteswissenschaften die Lehre von der Betätigung des Menschengeistes gilt. Es wird natürlich von materialistischer Seite auch der Standpunkt vertreten, daß die Lehre von der Geistestätigkeit des Menschen einen Teil der Lehre vom Geiste des Menschen als Ausfluß der körperlichen Materie darstelle. Hiernach ist dann unser ganzes Wissen ein Wissen von der Natur, ist alle Wissenschaft Naturwissenschaft. Wer dem beipflichtet, übersieht jedoch den evidenten Unterschied zwischen Körperlichem und Geistigem. Der Mensch besitzt intellektuelle und moralische Fähigkeiten, die nicht aus dem Stoffe oder irgend einer erschaffenen materiellen Form erklärt werden können. Es ist deshalb nicht sehr schwer, den Materialismus zu widerlegen. Die menschliche Geistseele denkt und urteilt nicht nur, sondern sie ist auch schöpferisch tätig. Sie erschafft allgemeine, abstrakte Ideen, also Dinge, die in der Natur keine wirkliche Existenz haben. Wäre die Materie die Quelle unserer Erkenntnis, so müßten wir nur von deren Oberfläche genommene Bilder haben, könnten aber nicht allgemeine, abstrakte Ideen aufweisen. Die Materialisten behaupten, unsere Bewußtseinsvermögen seien die Wirkung der Gehirnvorgänge. Die Seele ist nach ihnen nichts von dem Komplex der Bewußtseinsvorgänge Verschiedenes. Es bleibt dann für die Naturwissenschaft die Aufgabe, diese Vorgänge zu erklären. Wenn es aber nur Bewußtseinsvorgänge gäbe und keine Seele, in der sie als Veränderungsvorgänge entständen, so würde ihre Hervorbringung eine Schöpfung aus nichts bedeuten. Es ist nicht möglich, das Entstehen der Bewußtseinsvorgänge ohne Annahme einer vom

Gehirn verschiedenen Seele zu erklären. Das Gehirn ist zwar mit seinen Vorgängen teils unmittelbar teils mittelbar irgendwie an allen Bewußtseinsvorgängen beteiligt; es kann daher eine Schädigung des Gehirns selten ohne Beeinträchtigung der geistigen Tätigkeiten der Seele bleiben, da diese geistigen Tätigkeiten vielfach der Mitwirkung mancher durch die Gehirnverletzung ausgeschalteter anderer seelischer Funktionen bedürfen. Es sei nur darauf hingewiesen, welch große Bedeutung das innerliche Sprechen beim Denken hat. Es folgt aber aus der Störung des Denkens und Wollens durch Gehirnerkrankungen keineswegs, daß die geistigen Tätigkeiten in derselben Weise oder demselben Grade von den Gehirnbewegungen abhängig wären wie die Empfindungen. Das Denken ist nur auf Grund sinnlicher Vorstellungen möglich, die an das Gehirn gebunden sind; es geht deshalb mit jeder Geistestätigkeit auch Gehirntätigkeit zusammen. Deshalb kann man aber nicht etwa das Geistige als Innenseite und das Materielle als Außenseite eines und desselben Vorganges betrachten, wie es der Monismus tut. Bewußtsein und Erfahrung sprechen evident dagegen [1]). Das Bewußtsein sagt uns klar und deutlich, daß bestimmte psychische Vorgänge kausal auf körperliche Zustände wirken, und die innere und äußere Erfahrung lehren, daß körperliche Prozesse die Seelenzustände vielfach beeinflussen. Weiter ist uns durch unser Bewußtsein völlig evident, daß unser Wille Einfluß auf unsere Vorstellungen ausübt und wir uns zu rein geistigen Tätigkeiten selbst bestimmen können. Es muß also eine vom Körper unabhängige Substanz geben. Im Gebiete der Körperwelt ist das Bewußtsein etwas durchaus Unbekanntes; im Gebiete des Seelischen dagegen stoßen wir überall auf Bewußtsein. Wir müssen also die beiden so durchaus verschiedene Arten des Seins auf zwei voneinander ihrer Natur nach unabhängige Wesenheiten zurückführen. Unser Selbstbewußtsein, das Bewußtsein unseres sich trotz körperlichen Stoffwechsels fortsetzenden Ichs, das sich bei aller Mannigfaltigkeit der Bewußtseinsverhältnisse erhält, zwingt uns dazu. Am schärfsten hat dies Augustinus dargetan. Daß

[1]) Vgl. darüber auch Klimke, „Der Monismus und seine philosophischen Grundlagen" (Freiburg, Herder).

unsere Seele das Ergebnis unserer körperlichen Zusammensetzung sei, können wir höchstens glauben, indem wir die Vorstellung davon in unserem Geiste haben. Eben dies aber, daß wir die Vorstellungen haben, wissen wir; wir wissen um unser Denken, unser Leben, unsere Existenz überhaupt. Halten wir uns nun an dieses sichere Wissen, so müssen wir sagen, daß unsere Seele die denkende, lebende, existierende und um alles wissende Substanz ist; dies ist ihr Wesen, ihre von allem Körperlichen deutlich unterschiedene Natur [1]). Wäre die Seele körperlich, so müßte sie sich dessen auch bewußt werden, so könnte sie — wie bereits gesagt — nichts Unkörperliches erfassen und könnten auch nicht verschiedene Eindrücke zugleich in ihr sein. — Voraussetzung alles psychischen Erlebens ferner ist die Einheit unseres Bewußtseins. Daß letztere vorhanden ist, erfahren wir fortwährend. Der aus dem Schlaf Erwachende hat sofort wieder ein einheitliches Bewußtsein, obwohl ihm im Augenblick jegliche Anknüpfung an seinen früheren Bewußtseinszustand fehlt. Dies alles weist unweigerlich auf ein einheitliches, reales Subjekt, die Seele, hin. So sagt deshalb auch Eisler („Das Wirken der Seele" S. 16): „Die Seele ist das in der Mannigfaltigkeit der Bewußtseinserlebnisse sich identisch setzende, erhaltende und entwickelnde Subjekt, eine gegliederte, organisierte Einheit in der Vielheit, ein aktiv reaktives Einheitsprinzip" (vgl. auch „Leib und Seele" S. 18 f.). Unser Ichbewußtsein ist das Bewußtsein dieser Einheit [2]).

Wir können hiernach mit Recht zwischen Naturwissenschaften, welche die Körperwelt und ihre Gesetze (die Betrachtung der räum-

---

[1]) Ein „Ichbewußtsein" ist bei einem materiellen Wesen gänzlich ausgeschlossen. Ein Wesen, das auf sich als Ganzes, auf seine eigenen Vorstellungen reflektieren kann, muß inmateriell sein. Ein Nachdenken über das eigene Denken würde sonst — um ein bekanntes Beispiel zu gebrauchen — ebenso unmöglich sein, wie das Legen eines ganzen Blattes Papier auf sich selbst.

[2]) „Die Seele ist das in jedem Menschen dauernd wohnende reale Wesen, das den Vorgängen des Bewußtseins als substantieller Träger, immanente Ursache und wissendes Subjekt zugrunde liegt" (Geyser, „Lehrbuch der allgemeinen Psychologie", Münster 1912, S. 720).

lichen Objekte), und Geisteswissenschaften, die die geistige Seite der Wirklichkeit, insbesondere die Seele, sowie überhaupt die geistige Betätigung des Menschen zum Gegenstande haben, scheiden.

An Versuchen einer Klassifikation sämtlicher Wissenschaften fehlt es im übrigen nicht. Hervorgehoben seien u. a. die v. Erdmann in seiner Abhandlung „Die Gliederung der Wissenschaften" in der Vierteljahrschrift für wissenschaftliche Philosophie, Bd. 2, S. 78 ff., sowie von Wundt („Über die Einteilung der Wissenschaften" in den Phil. Studien Bd. 5, S. 1 ff.). — Kant hat die Wissenschaft in theoretische und praktische eingeteilt. Als theoretische Wissenschaft bezeichnet Kant das Wissen vom Sein, vom Naturgeschehen, als praktische das Wissen vom Sollen, vom Moralischen. Oft findet man auch noch die Scheidung positiver Wissenschaft von der sog. spekulativen Wissenschaft, welch letztere alsdann den hinter der Erfahrung liegenden Zusammenhängen nachzugehen hat. — Rickert (Vortrag über „Kulturwissenschaft und Naturwissenschaft") sowie Windelband (Rede über „Geschichte und Naturwissenschaft") unterscheiden die sog. Gesetzeswissenschaften, denen es ausschließlich um die Auffindung möglichst exakter Regeln zu tun ist, von den historischen Wissenschaften, denen die Schilderung des Einmaligen und Einzigartigen obliegt. Von Brütt („Die Kunst der Rechtsanwendung. Zugleich ein Beitrag zur Methodenlehre der Geisteswissenschaften", Berlin 1907, S. 14) ist bereits darauf hingewiesen, daß sich diese Einteilung mit der älteren Einteilung in Natur- und Geisteswissenschaften kreuzt, da es sowohl nomothetische Geisteswissenschaften als auch Naturwissenschaften gibt, die zugleich idiographisch vorgehen. Eine eigenartige Darstellung der Wissenschaften gibt Schopenhauer in seinem Werke „Die Welt als Wille und Vorstellung" (I. Kap. 12) auf Grund seiner Analyse des Satzes vom Grunde. Sein Gesamtsystem ist folgendes:

I. Reine Wissenschaften a priori.
   1. Die Lehre vom Grunde des Seins:
      a. im Raume: Geometrie;
      b. in der Zeit: Arithmetik und Algebra.
   2. Die Lehre vom Grunde des Erkennens:
      Logik.

II. Empirische Wissenschaften oder Wissenschaften a posteriori. Sämtlich nach dem Grund des Werdens, d. i. nach dem Gesetz der Kausalität, und zwar nach dessen drei Modis.

1. Die Lehre von den Ursachen:
   a. Allgemeine: Mechanik, Hydrodynamik, Physik, Chemie;
   b. Besondere: Astronomie, Mineralogie, Geologie, Technologie, Pharmazie.
2. Die Lehre von den Reizen:
   a. Allgemeine Physiologie der Pflanzen und Tiere, nebst deren Hülfswissenschaft Anatomie;
   b. Besondere: Botanik, Zoologie, Zootomie, vergleichende Psychologie, Therapie.
3. Die Lehre von den Motiven:
   a. Allgemeine: Ethik, Psychologie,
   b. Besondere: Rechtslehre, Geschichte.

Sehr eingehend hat Bahlmann in seiner Abhandlung: „Der Grundplan der menschlichen Wissenschaft" (Philosophisches Jahrbuch, Fulda 1893, S. 151 ff., 408 ff., 1894, S. 155 ff.) die für eine Klassifikation der Wissenschaften in Betracht kommenden Momente behandelt. Es kann hier nur darauf verwiesen werden. — Schließlich sei auch noch auf die Rektoratsrede von H. O. Lehmann, betitelt „Die Systematik der Wissenschaften und die Stellung der Jurisprudenz" (Marburg 1897), aufmerksam gemacht. Lehmann geht im Anschluß an die sog. historische Rechtsschule davon aus, daß die Rechtsordnung so gut wie die Sprache „in ihren Hauptzügen wenigstens nicht rein willkürliche Satzung, sondern das notwendige Produkt geschichtlicher Entwickelung sei"; aus diesem Grunde erachtet er das Recht als vollberechtigten Gegenstand wissenschaftlicher Forschung, hält er die Rechtswissenschaft als Wissenschaft der Rechtsordnung für wahre, theoretische Wissenschaft, deren Stellung im System der Wissenschaften er zu präzisieren sucht. Das Ergebnis seiner Untersuchung ist in einer der Rede beigegebenen Darstellung der Gliederung der Wissenschaften nach H. O. Lehmann niedergelegt. Beigefügt sind ferner Übersichten der Wissenschaftsgliederung nach d'Alembert, Bentham, Ampère, Comte, Spencer, Erdmann und Wundt.

Will man sich nun klar darüber werden, ob der Jurisprudenz wirklich ein Platz unter den wahren Wissenschaften gebührt, so hat man noch näher zu prüfen, was die Jurisprudenz umfaßt.

---

§. 4.

Zum Begriff der Jurisprudenz und des Rechts überhaupt.

In der juristischen Literatur wird, wie dies auch von Nußbaum (vgl. oben S. 8) geschehen, unter Jurisprudenz vielfach nur die dogmatische Entwickelung des geltenden Rechts verstanden. Damit ist jedoch der Begriff der Jurisprudenz künstlich eingeschränkt, er ist willkürlich in einem engeren Sinne gebraucht. An sich ist unter Jurisprudenz dem gemeinen Sprachgebrauch und dem Wortsinne nach alles das einzubegreifen, was für die Auffindung und Durchschauung des Rechts überhaupt von Interesse und Belang ist. Von einem im Recht Bewanderten verlangt man, daß er nicht nur die jeweils geltenden Rechtssätze festzustellen in der Lage ist, sondern auch, daß er die tiefsten Grundlagen des echten Rechts durchschaut und zu sagen vermag, ob ein jeweils geltender Satz des sog. positiven Rechts dem wirklichen Recht, wie wir es in unserem tiefsten Inneren empfinden, entspricht, ob es „richtiges Recht" ist, wie man im Anschluß an Stammler jetzt vielfach zu sagen pflegt. Der Rechsgelehrte soll in der Lage sein, Lücken unseres positiven Rechts, die doch zweifellos vorhanden sind, auf Grund allgemeiner Rechtssätze, die nicht immer im positiven Recht niedergelegt oder durch Analogie und dergl. aus ihm festzustellen sind, auszufüllen und Verbesserungen des geltenden Rechts vorzuschlagen. Wir können uns doch nicht einbilden, daß unser jeweils geltendes Recht in allem vollkommen sei und keiner Ergänzung oder Verbesserung bedürfe. Die Lehre von der Lückenlosigkeit der Rechtsordnung ist mehr und mehr im Verschwinden begriffen. Man sieht immer mehr ein, daß Tatbestände denkbar sind, die vom positiven Rechte in keiner Weise geregelt sind, bei denen eine Beantwortung der betreffenden Rechtsfragen auch durch keinerlei logische Verarbeitung des in Frage stehenden Gedankeninhalts unter Vergleichung mit aus dem positiven Recht festgestellten Rechtsprinzipien zu erreichen ist [1]). Bergbohm („Jurisprudenz und Rechtsphilosophie", Bd. I, S. 367) leugnet allerdings hartnäckig die Möglichkeit einer Existenz von Rechtslücken und behauptet ebenso wie Brinz („Kritik von Adickes Abhandlung über die Rechtsquellen" in der Kritischen Vierteljahrsschrift Bd. 15, S. 164), daß die Lücke in dem im Recht Forschenden, nicht im Recht stecke. Die logische Expansionskraft des positiven Rechts soll jeden Augenblick den ganzen Bedarf an Rechtsurteilen decken, einer Ausfüllung von außen her soll es nicht bedürfen [2]). Brütt, S. 75, sagt demgegenüber mit Recht: „Bergbohm behauptet, daß ein jedes positive Recht etwas in lückenloser Ganzheit Dastehendes sei; aber diese Annahme, welche an Kühnheit keiner naturrechtlichen Spekulation nachsteht, ist eine völlig unhistorische Fiktion, für welche Bergbohm auch nicht einen Schatten von empirischem Beweis beigebracht hat. Wie könnte das Recht auch anders als lückenhaft sein, da es doch ein historisches Produkt des Kulturlebens ist und daher wie alles, was von Menschen bewußt oder unbewußt geschaffen ist, den Stempel des Unvollkommenen an sich trägt". Es kommt doch gar nicht so selten vor, daß eine auf Grund positiven Rechts zweifellos richtig gefällte Entscheidung unserem tiefsten Rechtsgefühl widerstreitet; wir empfinden also ganz deutlich den Unterschied zwischen positivem und wirklichem Recht. Alles aber, was zur Auffindung des richtigen Rechts führt, fällt unter den Begriff der Jurisprudenz im weitesten Sinne. Dies gilt insbesondere auch von der Rechtsphilosophie, deren auch der praktische Jurist zur Rechtfertigung seiner Tätigkeit vor der Vernunft und seinem Gewissen nicht entbehren kann, die ihm vielfach die nötige Klarheit und

[1]) Vgl. Brütt, „Die Kunst der Rechtsanwendung", S. 73 ff., sowie Cathrein, „Recht, Naturrecht, positives Recht", 2. Aufl., S. 289 ff., Zitelmann, „Lücken im Rechte", S. 27, Reichel, „Gesetz und Richterspruch", Teil 2, Kap. 2, Reichel, „Lücken im Gesetz", in der Schweiz. Jur.-Ztg. 1914/15, S. 125.

[2]) „Es gibt am Körper des positiven Rechts, der geltenden Rechtsordnung, nichts zu ergänzen und fortzubilden. Sie ist lückenlos und steht fest, unabänderlich fest bis zu ihrer Änderung im Wege der Gesetzgebung." (Sternberg a. a. O. S. 140.)

Festigkeit für sein Urteil verschafft, weshalb ja auch die angehenden Richter auf den Universitäten nach dem vorgeschriebenen Studienplan Rechtsphilosophie hören sollen. Mit Recht sagt Scherer („Sittlichkeit und Recht; Naturrecht und richtiges Recht“, Philosophisches Jahrbuch 1904, Fulda, Band 17, S. 938): „Moderne Rechtsgelehrte (vgl. Ortloff: „Das Studium der Rechts- und Staatswissenschaften“, Halle 1903) und Rechtsphilosophen sind sich klar darüber, wie verhängnisvoll für die juristische Praxis ein bloßes „Brotstudium“ werden müßte. Und deshalb fordern sie mit allem Nachdruck das Studium der Rechtsphilosophie, durch das sich der Jurist erst die hohen Gesichtspunkte und Motive einer idealen, begrifflich vertieften und innerlich geschlossenen Rechtsauffassung und glücklichen Rechtsanwendung aneignen könne“. — Kurz darauf erklärt sodann auffallenderweise Scherer: „Die Jurisprudenz ist eine Technologie, sie gehört zu den sog. praktischen Wissenschaften. Mit dem Begriff des Rechtes und einer Reihe von konkreten Rechtsgrundsätzen, die sie einfach als gegeben hinnimmt und denen sie unbefangen die tatsächlichen Rechtsverhältnisse unterordnet, arbeitend, will sie dem Rechtskandidaten behilflich sein, seine spätere praktische Berufstätigkeit mit technischer Gewandtheit auszuüben. Nun sind aber sämtliche Rechtsphilosophen darüber einig, daß diese rein empirisch aufgenommene und angeeignete Rechtskenntnis das erforderliche Wissen um das Recht nicht erschöpfen könne und auch nicht ausreichend für eine erfolgreiche praktische Rechtsanwendung sei. In energischer Bekämpfung des Empirismus, der nichts als technische Rechtslehre anerkennen will, fordern sie eine Aufklärung über die obersten Begriffe und Axiome der empirischen Rechtsordnung, eine Einsicht in den inneren Zusammenhang sowie in die systematische Gliederung und Anordnung des Rechtsstoffes. Ein verhängnisvoller Irrtum wäre es aber, zu glauben, daß in einem derartigen methodischen Verfahren die Aufgabe der Rechtsphilosophie bestehe und daß damit der sog. juristische Empirismus überwunden werde, der heute so viele Anhänger unter den praktischen Juristen zählt.“ S. 141 erklärt ferner Scherer nach einer kurzen Besprechung der juristischen Prinzipienlehre als der „systematischen Darstellung derjenigen juristischen Begriffe und Grundsätze, welche im wesentlichen — ihrem stets gleichbleibenden Kern nach — unabhängig sind von der individuellen Besonderheit irgend eines bestimmten positiven Rechts“ (Bierling, „Jurst. Prinzipienlehre“, 1894) folgendes: „Die Aufgabe der Rechtsphilosophie ist eine andere als die der juristischen Prinzipienlehre, die wir im Unterschiede von dem juristischen Empirismus als rechtsphilosophischen Empirismus oder Positivismus bezeichnet haben. Wie es die Aufgabe der Philosophie ist, die Wahrheit und innere Berechtigung der Begriffe darzutun, in denen wir die Weltwirklichkeit denken, so ist es die besondere Aufgabe der Rechtsphilosophie, den inneren Wahrheitsgehalt und die sachliche Richtigkeit der Begriffe darzutun, in denen wir gewisse Regelungen des gesellschaftlichen Zusammenlebens der Menschen denken. Diese Regelungen können nicht von vornherein als rechtliche hingenommen und beurteilt werden, sondern müssen sich im Laufe der philosophischen Untersuchung erst als solche herausstellen. Die begrifflichen Vorstellungen vom Recht werden auf Grund der äußeren Tatsachen des gesellschaftlichen Zusammenlebens der Menschen gebildet. Letztere müssen im Bewußtsein angeeignet werden, um zum Inhalt der rechtlichen Begriffe zu werden. Diese selbst sind nicht etwas „Apriorisches“, wie Cathrein („Recht, Naturrecht und positives Recht“) glaubt, etwas, was jenseits der Erfahrung liegt, sondern ein Ergebnis der inneren, geistigen Erfahrung des Menschen. Die Rechtsphilosophie unterscheidet sich also wesentlich von der juristischen Prinzipienlehre. Diese ist Sache des fachmännisch gebildeten Juristen, jene Aufgabe und Recht des Philosophen. Es könnte keine größere Arroganz geben, als wenn sich ein Philosoph anmaßen wollte, eine juristische Prinzipienlehre zu begründen, aber auch nichts Bedenklicheres, als wenn ein Jurist als solcher eine Rechtsphilosophie schreiben wollte.“ Aus diesen Darlegungen ergibt sich, daß Scherer die Rechtsphilosophie ganz aus der Jurisprudenz ausscheidet, sie ganz der Philosophie zuweist. Demgegenüber ist auf folgendes hinzuweisen: Die Philosophie ist die Wissenschaft aller Dinge aus den letzten und höchsten Dingen. Sie bleibt nicht bei den nächstliegenden Ursachen stehen, sondern sucht den Grund aller Dinge bis auf die höchste Ursache, von der alles abhängt, auf. Als Wissenschaft der Wahrheit hat sie die Wahrheit selbst zu ihrem Gegenstande. Indem sie den letzten Zweck der Dinge betrachtet, betrachtet sie die Wahrheit. (Denn alle Dinge empfangen ihre Ordnung in letzter Linie vom Intellekt; der letzte Zweck des Intellekts ist aber die Wahrheit.) Die Philosophie ist nun aber nicht die einzige Wissenschaft. Sie ist nicht allumfassend in dem Sinne, daß sie die übrigen Wissenschaften in sich einschlösse; eine dazu erforderliche, alles umfassende Kenntnis kann ein Mensch nicht besitzen; die Philosophie ist also nicht die Summe aller übrigen Wissenschaften; sie ist auch nicht das Resultat der übrigen Wissenschaften; sie beschränkt sich nicht etwa auf ein Systematisieren der Ergebnisse der Einzelwissenschaften. Die Philosophie ist vielmehr eine selbständige Wissenschaft, die mittels reiner Vernunft die letzten und höchsten Ursachen darzulegen, die Dinge auf ihre Prinzipien, ihre Anfänge zurückzuführen hat. Demgegenüber decken die übrigen Wissenschaften jene Gründe auf, die für eine bestimmte Art von Gegenständen gelten, nicht diejenigen, auf denen alle Dinge beruhen. Aus dem Gesagten leuchtet der innige Zusammenhang der Philosophie mit den anderen Wissenschaften hervor. Die Philosophie setzt die Einzelwissenschaften voraus und benutzt deren sichere Ergebnisse, die ja mit der Wahrheit im Einklang stehen müssen. Umgekehrt bedürfen auch die Einzelwissenschaften der Philosophie; denn indem die Philosophie die letzten und höchsten Gründe aller Dinge erforscht, auch den Grund des Wissens selbst, legt sie ja den Grund zu jeglichem Wissen, und indem sie die allgemeinen Ursachen aufdeckt, gibt sie den Resultaten der Einzelwissenschaften Einheit, Ordnung und Vollendung. — Die Einzelwissenschaften müssen nun da Halt machen und der Philosophie die Weiterbearbeitung überlassen, wo sie zu einem für sie klaren und vollauf genügenden, sicheren Fundamentalbegriff gelangt sind; einen solchen Fundamentalbegriff bildet für die Rechtswissenschaft das „Recht". Ist der Begriff des Rechts ein zweifellos fest und bestimmt gegebener, so schließt er eine eingehende Weiterforschung nach seinen Grundlagen als überflüssig für die Rechtswissenschaft von dieser aus. Ist er dagegen nicht genügend klar und muß der Jurist, um das wirkliche Recht zu finden, in Erwägungen über seine Grundlagen eintreten, so gehören die Erwägungen auch in den Rahmen der Jurisprudenz, mögen sie auch zugleich in Gebiete übergreifen, die der Philosoph zu bearbeiten hat. Es zeigt sich dann gerade recht deutlich der enge Zusammenhang zwischen einer Einzelwissenschaft und der Philosophie. Da die Philosophie es mit den letzten und höchsten Dingen zu tun hat, so hat sie sich auf die Ursachen der Welt, auf Gott, auf die Seele, deren Unsterblichkeit, die Willensfreiheit usw. zu beziehen. Logik, Erkenntnistheorie, Philosophie, Metaphysik, Ethik fallen in ihren Bereich. Man kann nun aber die Einzelwissenschaft nicht sofort da aufhören lassen, wo sie die genannten hauptsächlichsten Gebiete der Philosophie betritt. Man könnte damit einer Einzelwissenschaft den Lebensnerv abschneiden; denn eine Einzelwissenschaft bedarf doch solcher Fundamentalprinzipien, die einen Weiterbau als Fachwissenschaft auch vor der Vernunft rechtfertigen, indem sie so klar und die Fachwissenschaft beherrschend sind, daß ein Irrtum über ihre Bedeutung, ihren Inhalt nicht möglich ist. Jede Einzelwissenschaft muß also ihre Prinzipien so hoch entnehmen, daß sie Klarheit für die Folge hat, mag sie auch in Gebiete, die gewöhnlich der Philosophie zugeschrieben werden, gelangen. Dies gilt insbesondere von der Rechtswissenschaft. Der Begriff des Rechts ist, wie aus den späteren Erörterungen hervorgehen wird, nur aus dem Sittengesetz heraus zu verstehen, mag dies auch noch so sehr bestritten werden. Der Jurist muß sich also, um die auch für die Rechtsanwendung erforderliche Begriffsklarheit zu erlangen, mit Ethik, der Strafrichter insbesondere mit der Seelenkunde und dem Problem der Willensfreiheit befassen. Er wird selbstverständlich nach Möglichkeit bei Fachphilosophen in die Lehre gehen; es ist aber damit nicht ausgeschlossen, daß er auch selbständig unter Beachtung der fachphilosophischen Ergebnisse weiterarbeitet. Er tut dies dann als Jurist, im Interesse und in Weiterentwickelung seines Spezialfachs, nicht als Fachphilosoph. Scharfe Grenzregulierung zwischen den verschiedenen Wissenschaften ist, soll kein unfruchtbarer Dilettantismus einreißen, zweifellos nötig. Sie ist aber gerade der Philosophie gegenüber oftmals schwer, zumal alle Spezialwissenschaften durch Vermittelung der Philosophie als Wissenschaft der Wissenschaften miteinander in Fühlung bleiben müssen. „Jede in eminentem Sinne wissenschaftliche Behandlung eines Spezialproblems muß sich ihres Zusammenhangs mit dem Gesamtwissen durch Vermittelung jener Zentralwissenschaft bewußt bleiben, d. h. sie muß philosophisch sein" (Kuhlenbeck, „Der Schuldbegriff ꝛc.", S. 6). Dies alles erfordert die Wahrheit, das Ideal jeglicher Forschung, jeglicher Wissenschaft. — Da die Aufgabe der Rechtsphilosophie, wie Scherer mit Recht hervorhebt (S. 143 a. a. O.), darin besteht, „den inneren Wahrheitsgehalt und die sachliche Richtigkeit der Begriffe darzutun, in denen wir gewisse Regelungen des gesellschaftlichen Zusammenlebens der Menschen denken", und da ferner für eine erfolgreiche praktische Rechtsanwendung — und zwar nicht nur bei der Ausfüllung von Lücken im positiven Recht — eine Durchschauung der obersten Rechtsbegriffe, ihrer Wahrheit und sachlichen Richtigkeit, wie später darzulegen, erforderlich ist, so gehört auch die Rechtsphilosophie zur Jurisprudenz im weitesten Sinne, mag sie auch noch speziell vom Moralphilosophen bearbeitet werden. Auch die Römer haben die Rechtsphilosophie zur Jurisprudenz gerechnet. Sonst hätten sie nicht von der Jurisprudenz als einer vera non simulata philosophia sprechen können [1]).

Dies alles wird noch klarer, wenn man sich genau vergegenwärtigt, was unter Recht überhaupt zu verstehen ist. Hierüber herrscht größte Meinungsverschiedenheit. Sternberg („Allgemeine Rechtslehre", Teil I § 1 S. 21) steht nicht an zu behaupten, daß eine voll befriedigende Definition des Begriffes „Recht" bei dem heutigen Stand der Wissenschaft ausgeschlossen erscheine. Die Abgrenzung des Rechts von der Moral und Sitte gilt vielfach als zu schwierig. Das Recht ist zweifellos eine Norm für das Gemeinschaftsleben [2]). Im positiven Rechte ist diese Norm in bestimmten Einrichtungen verkörpert, in festen Sätzen

---

[1]) So sagt auch Lehmann a. a. O. S. 12: „Die Rechtsphilosophie ist keine Sonderwissenschaft, sondern nur eine Prüfung der Rechtsordnung am Maßstab der Ethik".

[2]) „Das Recht ist ein Ergebnis des Zusammenlebens der Menschen und zugleich dessen ordnende Grundlage" (Kade, „Das Wesen des Rechts", ein Vortrag, gehalten in der Generalversammlung der Vereinigung „Deutsches Recht" am 21. XI. 1916, wiedergegeben in Nr. 1 der volkstümlichen Zeitschrift „Deutsches Recht", 6. Jahrgang, 1917).

niedergelegt. Kann man nun deshalb, was einige tun, unter Recht nur menschliche Satzungen, von den jeweiligen Machthabern erlassen, verstehen? Doch wahrlich nicht. Ein reines Machtgebot kann nicht ohne weiteres Recht sein. Wir Menschen verbinden mit dem Worte Recht doch einen anderen Sinn. Wir erwarten doch vom Recht, daß es uns als Recht nicht nur infolge eines menschlichen Machtgebots, sondern deshalb einleuchtet, weil es dem gesunden Menschenverstand als die einzig angebrachte Regelung erscheint und deshalb vielfach schon ohne weiteres Befolgung von uns erheischt. Verlangen wir doch auch oftmals Gesetzesabänderungen, weil das vorhandene Gesetz u. E. Härten in sich einschließt, uns ungerechtfertigt erscheint. In dieser Beziehung sagt auch Brütt a. a. O. S. 18, 19: „Mit der Rechtsanwendung ist die praktische Jurisprudenz nicht erschöpft, denn der auf einer gewissen Kulturhöhe stehende Mensch nimmt das Gewohnheitsrecht nicht wie ein Schicksal widerspruchslos hin, sondern er greift selbst bewußt in die Rechtsentwickelung ein. Schon verhältnismäßig früh bilden sich in einer Rechtsgemeinschaft Organe, welche durch ihre Anordnung das objektive Recht umgestalten. Mit höherer Kultur gewinnt die Gesetzgebung immer mehr an Bedeutung, um schließlich das Gewohnheitsrecht fast völlig zu verdrängen: so bildet sich neben der Kunst der Rechtsanwendung die Kunst der Gesetzgebung“ [1]). Es muß also einen Maßstab für die Entscheidung der Frage geben, ob ein Gesetz beanspruchen kann, als wirkliches Recht zu gelten. Wo ist dieser Maßstab zu suchen?

Kant glaubte ein Merkmal dafür, was Recht sei, dadurch aufgestellt zu haben, daß er das Recht definierte als den „Inbegriff der Bedingungen, unter denen die Willkür des einen mit der Willkür des anderen nach einem allgemeinen Gesetze der Freiheit zusammen vereinigt werden kann“ [2]). Was aber das allgemeine Gesetz der Freiheit enthält, verschweigt Kant. Es verhält sich mit dieser Definition des Rechts wie mit Kants

---

[1]) Der Richter soll nicht nur Recht sprechen, er soll vielmehr auch das Recht pflegen.

[2]) Rechtslehre (Ausgabe Hartenstein), V, 30.

kategorischem Imperativ, der da lautet: „Handle so, daß die Maximen Deines Willens jederzeit zugleich als Prinzip einer allgemeinen Gesetzgebung gelten können“. Auch dieser Imperativ ist nur eine Formel, solange nicht die Frage beantwortet wird, welche Maximen des Willens jederzeit als Prinzip einer allgemeinen Gesetzgebung gelten können. Diese Frage hat Kant aber bewußterweise unbeantwortet gelassen.

Es liegt zunächst die Annahme nahe, daß Kant das Sittengesetz als Norm für die Beantwortung der Fragen aus dem kategorischen Imperativ und der Rechtsdefinition gedacht habe, zumal Kant den Nachweis des Vorhandenseins eines apriorischen, d. h. ursprünglichen, unabänderlichen und unbedingten Sittengesetzes zu erbringen unternommen hat. Kant war jedoch anderer Meinung. Er teilt die „Metaphysik der Sitten“ in zwei gänzlich von einander getrennte Gebiete, in die „Rechtslehre“ und in die „Tugendlehre“. Die Rechtslehre soll sich mit den Rechtspflichten, für die eine äußere Gesetzgebung möglich ist, befassen, die Tugendlehre (Ethik) dagegen mit solchen, für die eine äußere Gesetzgebung nicht in Frage kommen kann. Fichte hat sich diesen Anschauungen Kants in der Hauptsache angeschlossen. In der „Grundlage des Naturrechts nach Prinzipien der Wissenschaftslehre“ sagt er: „Ich muß das freie Wesen außer mir in allen Fällen anerkennen als ein solches, d. h. meine Freiheit durch den Begriff der Möglichkeit seiner Freiheit beschränken“. Was also mit der gleichen Freiheit aller anderen vereinbar ist, ist nach den höchsten Rechtssätzen Fichtes Recht. Recht und sittliche Ordnung werden von Fichte ebenso wie von Kant gänzlich getrennt. „Das Sittengesetz gebietet kategorisch die Pflicht; das Rechtsgesetz erlaubt nur, aber gebietet nie, daß man sein Recht ausübe. Ja das Sittengesetz verbietet sehr oft die Ausübung seines Rechts, das dann doch, nach dem Geständnis aller Welt, darum nicht aufhört, ein Recht zu sein. Das Recht dazu hatte er wohl, urteilt man dann, aber er hätte sich desselben nicht bedienen sollen.“ Nach dieser Ansicht kann dann allerdings auch das unvernünftigste Gesetz als Recht auftreten, was Bergbohm („Jurisprudenz und Rechtsphilosophie“ I 144) auch zugibt. Nach Bergbohm muß selbst „das niederträchtigste Gesetzesrecht als verbindlich anerkannt werden, sofern es nur korrekt erzeugt ist" („Jurisprudenz und Rechtsphilosophie" I, 144). An einer anderen Stelle (I, 172) sagt er: „Auch das miserabelste Recht ist, falls es in formaler und konstitutioneller Beziehung korrekt ist, Recht, aber man sollte es lieber heute als morgen abschaffen." S. 398 sagt Bergbohm: „Jeder Satz des positiven Rechts richtet an uns die Frage: Erkennst Du mich als gültiges Recht an? Die Antwort ist ohne Aber und Indessen zu geben. Zeigt der angebliche Rechtssatz einen konstitutionellen Fehler, so ist er unbedingt keiner; ist formell an ihm kein Tadel, so ist die Frage unbedingt zu bejahen. Von seiner Güte ist die Antwort nicht abhängig. So stellt sich der Jurist als solcher zu dem, was sich für Recht ausgibt. Und gerade dem um seiner Schädlichkeit und Inhumanität mißfälligen Rechte gegenüber bewährt sich erst des reinen Juristen vornehmste Tugend: Die Fähigkeit, seinen Verstand jeder Beeinflussung selbst durch die tiefsten persönlichen Überzeugungen und Herzenswünsche zu entziehen, die Befriedigung derselben nur auf dem Wege der Rechtsumbildung zu erwarten." Von einer solchen Vornehmheit wird aber mancher edeldenkende Jurist nichts wissen wollen. Gewiß, an das Gesetz ist der Richter gebunden und das Gesetz soll er beherrschen und richtig anwenden; er soll aber doch auch die Fähigkeit besitzen, scharf unterscheiden zu können, ob die Anwendung des Gesetzes im Einzelfalle nicht dem Begriffe der Gerechtigkeit widerstrebt, um gegebenenfalls im Vergleichswege einen angemessenen Ausgleich zu erwirken oder in Strafsachen auf Begnadigung hinwirken zu können. Kein Gesetz kann so vollkommen sein, daß es für alle rein logisch unter es fallenden Tatbestände paßt. Da ist es die vornehmste Pflicht der Gerichte, die Aufmerksamkeit auf solche Schwächen des Gesetzes zu lenken und dadurch mit auf die Gesetzesänderung hinzuwirken. Diese aber kann, soll sie dauernden Erfolg versprechen, nur auf die Grundlagen echten, der Tugend der Gerechtigkeit Genüge leistenden Rechtes aufgebaut werden. Diese Grundlagen muß jeder Jurist sich zu eigen machen, wenn er die Befähigung erlangen will, mit klarem, freiem Blicke einem Rechtsfalle entgegenzutreten. Ein Jurist, der unter sklavischer Anlehnung an den Text der Gesetze einen Rechtsfall durchdenkt, übersieht nur zu leicht manchen Kernpunkt schwieriger Fragen und weiß dann auch das positive Recht nicht richtig anzuwenden. Das positive Recht, insbesondere unser bürgerliches Gesetzbuch, hat sich doch die größte Mühe gegeben, dem Ideal der Gerechtigkeit nach Möglichkeit entgegenzukommen. „Treu und Glauben", „gute Sitten", „billiges Ermessen" usw. sind in ihm wiederholt als Richtlinien und Entscheidungsmomente verwertet. Das B. G. B. will damit, wie Scherer a. a. O. S. 322 mit Recht hervorhebt, zwar keineswegs, daß die betreffende Handlung „unter dem Gesichtspunkte des Gewissens, der Gesinnung der handelnden Persönlichkeit" betrachtet werde, es verlangt jedoch „in gewissen Fällen die Berücksichtigung objektiv-sittlicher Grundsätze, deren Inhalt in seinen Gesetzesparagraphen selbst keine Kodifizierung gefunden". Das B. G. B. weist hier über sich selbst hinaus. Es will zwar nicht das natürliche Sittengesetz in seiner höchsten Vervollkommnung entscheiden lassen. Das ergibt sich schon daraus, daß es nicht allgemein oder doch öfters auf dieses verweist, die oben geschilderten Hinweise auf sittliche Pflicht usw. vielmehr nur wenige Ausnahmen darstellen. Immerhin wahrt das Gesetz doch einen gewissen Zusammenhang mit Forderungen des Sittengesetzes. Der Kommentar der Reichsgerichtsräte (2. Aufl.) sagt in Anm. 1 zu § 534 (in dem ebenso wie in § 814 auf „sittliche Pflichten" Rücksicht genommen wird): „Bei der Begriffsbestimmung der sittlichen Pflicht in ihrer Anwendung auf das Rechtsgebiet kann als Maßstab nicht wohl von höchsten Anforderungen der Sittlichkeit (Selbstverleugnung, Nächstenliebe, Hilfsbereitschaft usw.) die Rede sein. Es handelt sich vielmehr um Anschauungen, die sich im ganzen deutschen Volke oder doch in den einzelnen in Betracht kommenden Volkskreisen durch Sitte und Herkommen allgemein gefestigt haben" [1]). Derartige Anschauungen gehen aber doch in ihren tiefsten Gründen vielfach auf das natürliche Sittengesetz zurück. — Stammler, einer unserer größten und bedeutendsten Rechtsphilosophen, will allerdings von einem Zurückgehen auf das Sittengesetz nichts wissen. Den Be-

[1]) Nach der Entscheidung des Reichsgerichts in Band 48 S. 114 bildet den Maßstab für die Entscheidung, was die „guten Sitten" erlauben oder verbieten, „das Anstandsgefühl aller billig und gerecht Denkenden".

griff der sittlichen Pflicht deutet er dahin, daß darunter die Grundsätze des „richtigen Rechts" zu verstehen seien. Was ist nun aber „richtiges" Recht? Stammler hat in seinen geistreichen und tiefangelegten Werken, insbesondere in „Wirtschaft und Recht nach der materialistischen Geschichtsauffassung", in der „Theorie der Rechtswissenschaft", in der „Lehre vom richtigen Recht", ferner in „Wesen des Rechts und der Rechtswissenschaft" (in der „Kultur der Gegenwart", herausgegeben von Hinneberg) die Wege zur Findung des richtigen Rechts zu weisen versucht. Um dabei nicht in das Naturrecht zurückzufallen, hat Stammler seine Lehren auf den Kant'schen Apriorismus aufgebaut. Die Einteilung des Bewußtseinsinhalts in Form und Materie ist zum Ausgangspunkt des Ordnens der Rechtsgedanken gemacht. Recht und Wirtschaft werden als „Form" und „Materie" des sozialen Lebens aufgefaßt. Für die Erkenntnis des Rechts ist nach Stammler („Wesen des Rechts und der Rechtswissenschaft") die Beantwortung der drei Fragen nach dem Begriffe des Rechts, der Berechtigung des Rechtszwangs und dem richtigen Inhalte eines Rechtes erforderlich. Die erste Frage beantwortet Stammler dahin, daß Recht „die ihrem Sinne nach unverletzbar geltende Zwangsregel menschlichen Zusammenlebens" sei (W. [1]) 488). Damit soll eine Abgrenzung gegen die Willkür, gegen die Sittlichkeit und gegen die Konventionalregeln gegeben sein. Hinsichtlich der zweiten Frage sagt Stammler W. 543 ff., die soziale Form von Konventionalgemeinschaften ermögliche nur ein gesellschaftliches Dasein von solchen Menschen, die zur vertragsmäßigen Vereinigung mit anderen tatsächliche Fähigkeiten besitzen; die Konventionalregeln seien somit ungeeignet, jedes nur denkbare menschliche Zusammenleben zu umfassen. Gerade umgekehrt stehe es dagegen mit den Rechtsgemeinschaften der Menschen; die rechtlichen Regeln bestimmten selbst in souveräner Selbstherrlichkeit, wer ihnen unterworfen sei und danach dem betreffenden sozialen Verbande angehöre. Der rechtliche Zwangsbefehl sei deshalb ein richtiges Mittel, um alle nur denkbaren menschlichen Vereinigungen konstituieren zu können; darin liege sein Recht begründet; der Rechtszwang sei das notwendige Mittel zu einer allgemeingültigen Gesetzmäßigkeit des

[1]) W. = „Wirtschaft und Recht".

sozialen Lebens der Menschen. — Die dritte Frage endlich beantwortet Stammler dahin, daß der Inhalt einer Norm des Verhaltens richtig sei, wenn er in seiner besonderen Lage dem Gedanken des sozialen Ideals entspreche (R. [1]) 198). Dabei versteht Stammler unter dem sozialen Ideal die Gemeinschaft frei wollenden Menschen (W. 563, R. 198) und unter „frei" eine Freiheit vom bloß subjektiv gefüllten Inhalte des Begehrens, sodaß „ein jeder die objektiv berechtigten Zwecke des anderen zu den seinigen macht" (W. 563). Stammlers Lehre vom richtigen Recht läßt sich hiernach in folgenden Satz zusammenfassen: Der Inhalt einer Rechtsnorm ist dann richtig, wenn er in seiner besonderen Lage dem Gedanken einer Gemeinschaft von Menschen entspricht, von denen ein jeder die objektiv berechtigten Zwecke des anderen zu den seinigen macht. Wann dies aber der Fall ist, insbesondere wann die Zwecke des anderen objekiv berechtigt sind, sagt uns diese Formel nicht. Stammler war sich dessen bewußt. Ihm lag daran, „eine allgemeingültige formale Methode festzustellen, in der man den notwendig wechselnden Stoff geschichtlich bedingten Rechts dahin richten und bestimmen mag, daß er die Eigenschaften des objektiv Richtigen erhält" (vgl. „Wesen des Rechts und der Rechtswissenschaft"); durch die dargelegten Begriffsbestimmungen glaubt er dies Ziel erreicht zu haben. Dies kann jedoch nicht zugegeben werden. Stammlers rein formale Methode entbehrt jeden festen Inhalts. Um etwas richtig bewerten zu können, muß man einen festen Maßstab an ganz bestimmten Begriffen und Grundsätzen haben, sonst ist eine richtige Bewertung gar nicht möglich. Mit der ganz allgemein gehaltenen Stammler'schen Formel ist es nicht möglich, im konkreten Falle eine als Rechtsnorm auftretende Satzung richtig zu bewerten. Es muß im einzelnen, wenn man sich an Stammlers Definition hält, nachgeprüft werden, welche Zwecke objektiv berechtigt sind. Stammlers Formel entbehrt also jeglichen auch nur einigermaßen ausreichenden Inhalts für die Frage, ob eine Rechtsnorm im Einzelfalle richtiges Recht sei. Um letzteres entscheiden zu können, bedarf es vielmehr allgemeiner, unbedingt geltender Grundsätze, allgemeingültiger Rechts-

[1]) R. = „Lehre vom richtigen Recht".

grundsätze, unter denen das richtige Recht steht. Stammler bestreitet, daß solche möglich seien. Er sagt („Lehre vom richtigen Recht" S. 117): „Alles was sich auf menschliche Bedürfnisse und auf die Art ihrer Befriedigung bezieht, ist bloß empirisch, ist stetem Wechsel und unvermeidlicher Veränderung unterworfen". Dies ist jedoch nicht richtig. Aus unserer Erfahrung heraus gelangen wir, wie früher gezeigt, durch Abstraktion zu allgemeingültigen Grundsätzen, Prinzipien. Es gibt nun eine äußere und eine innere Erfahrung. Erstere stützt sich auf das Zeugnis unserer Sinne und bezieht sich auf die sinnfälligen Erscheinungen und Tatsachen; letztere hat die Tatsachen in unserem eigenen Inneren zum Gegenstande. Beide Arten von Erfahrung, insbesondere auch die innere, sind in vielem ganz untrüglich. Ihre Richtigkeit wird auch seit Jahrtausenden durch das Leben und Treiben der Menschen bestätigt. Aus solcher Erfahrung heraus bildet nun der Verstand sich seine Begriffe, darunter auch die vom Recht und Unrecht. Mit den Jahren der Unterscheidung bilden sich beim Menschen, der das gesellschaftliche Zusammenleben mit den anderen beobachtet, gewisse Vorstellungen von Recht und Unrecht, die sich immer mehr zu zweifelsfreien, klar einleuchtenden Grundbegriffen und Grundsätzen verdichten. Menschliche Belehrung ist dazu im vielen nicht erforderlich. Zu diesen Grundbegriffen gehören die von Friede, Ordnung, Recht und Unrecht, die Sätze, daß man nicht töten, nicht stehlen darf usw. Es ergibt sich daraus der Kardinalsatz, daß man das Gute tun, das Böse aber meiden soll. Es ergeben sich daraus allgemein einleuchtende sittliche Grundsätze, ohne die ein geordneter Verkehr unter den Menschen ja auch gar nicht möglich wäre. Die Vernunft besitzt ganz unbestreitbar von der Natur aus eine besondere Fähigkeit für die Erkenntnis der allgemeinsten sittlichen Wahrheiten, der allgemeinsten Ideen des Guten und Rechten; durch sein Gewissen ist dem Menschen der Antrieb zur Befolgung dieser Wahrheiten gegeben. Dies Gewissen — dessen Fähigkeit jedoch nicht überspannt werden darf — ist nach dem Zeugnis des Selbstbewußtseins und den Ergebnissen der Ethnologie allen Menschen gemeinsam, ihnen angeboren; die darwinistisch-materialistische Behauptung, es sei ein Produkt der Erziehung, der Dressur, der Gewöhnung, der Umgebung oder der wirtschaftlichen Entwicklung, widerstreitet unleugbar der Erfahrung [1]). — Auf die dargelegten allgemeinen sittlichen Grundsätze baut sich das natürliche Sittengesetz auf, das auch die Beziehungen des einzelnen zu seinen Mitmenschen umfaßt [2]). Aus dem Ganzen der sittlichen Ordnung heraus ist dann das Recht festzustellen. Es wendet sich anders als die Moral an den Menschen nur insoweit, als er mit anderen Menschen in einer Gemeinschaft steht, die ihm bestimmte Aufgaben zuteilt, aus denen sich Pflichten (Rechtspflichten) ergeben. Die ethisch-soziale Erfahrung bestimmt das Maß dieser Pflichten. Es sind dies Pflichten, die die Moral nicht erschöpfen, die vielmehr nur dasjenige Minimum von sittlichen Grundsätzen darstellen, das nötig ist, um einem ungeregelten, sittenwidrigen Zusammenleben der Menschen nach Möglichkeit vorzubeugen. Hier kann man mit Schiller sagen: es gilt „aus dem Bunde des Möglichen mit dem Notwendigen das Ideal zu erzeugen", das der sozialen Gerechtigkeit entsprechen muß. Mit Recht sagt Scherer a. a. O. S. 30: „Je in dem

[1]) Bezüglich der Lehren Kants, Fichtes, Hegels, Schleiermachers, Schopenhauers und Herbarts über das Gewissen vgl: Th. Elsenhans, „Wesen und Entstehung des Gewissens", Leipzig 1894, S. 22—131. Über „Die Lehre vom Wesen des Gewissens in der Scholastik des 13. Jahrhunderts" vgl. Th. H. Simars entsprechendes Werk (Freiburg 1885, S. 5 ff.).

[2]) Über die wissenschaftliche Begründung des Sittengesetzes vgl. die äußerst lehrreiche Schrift Graf Hertlings „Recht, Staat und Gesellschaft" (Sammlung Kösel) S. 19 ff., ferner T. Pesch, „Die großen Welträtsel" (Philosophie der Natur) Band I (Freiburg 1883) S. 808 ff. und Bd. II S. 446, sowie H. Pesch, „Ethik und Volkswirtschaft" (Freiburg 1918). — Das Kausalitätsgesetz, das zum durch sich selbst seienden, durch nichts außer sich bedingten oder begrenzten, aus sich notwendigen Urwesen führt (vgl. oben S. 43 Anm. 1), läßt uns damit weiter zur zweifelsfreien Überzeugung gelangen, daß der Schöpfer der Welt unendlich und von lauterer, an keinerlei Sinnesorgane gebundener, über jegliche Sinnlichkeit erhabener Vollkommenheit ist (vgl. Zimmermann a. a. O. S. 174 ff.) Dieser Schöpfer kann nichts Widersinniges, nichts Unvernünftiges und Ungerechtes bewirkt haben. Das in Vernunft und Gewissen des Menschen geschriebene Sittengesetz kann kein leerer Wahn sein. Die Befolgung des Sittengesetzes wird vom Schöpfer verlangt, und es muß ein Jenseits bestehen, wo „der Ausgleich von moralischer Würdigkeit und Glückseligkeit" (Kant) stattfinden wird.

Maße, als sich die ethisch-soziale Begriffsbildung vertieft, leitet das menschliche Vernunftbewußtsein, dessen immanente Logik stets und überall die gleiche ist, aus dem obersten Rechtsbegriff und Rechtsgrundsatz (lautend: „Innerhalb eines menschlichen Gemeinschaftslebens hat jeder einzelne die Interessensphäre des Nebenmenschen zu respektieren") eine Reihe bestimmterer Begriffe und Grundsätze ab. So wird zur begrifflichen Klarheit herausgearbeitet, wer und was unter einem Rechtssubjekt zu verstehen sei, ferner, was das Eigentumsrecht in seinem Wesen und Umfang bedeute und bedeuten könne. Hieraus ergibt sich naturgemäß eine außerordentliche Mannigfaltigkeit der Begriffe und Grundsätze, die um so gleichartiger sein werden, je gleichartiger sich die ethisch-sozialen Werturteile gestalten. So stimmen z. B. sämtliche Rechtsordnungen darin überein, daß der Mensch, als vollwertiges Glied eines Gemeinschaftslebens, ein Recht auf Leben und Gesundheit, Ehre und guten Namen, Hab und Gut, Weib und Kind habe, und bezeichnen infolgedessen Mord, Körperverletzung, Verleumdung, Diebstahl, Raub und Betrug, Ehebruch, Unzucht als rechtswidrige Handlungen. Es ist aber wohl zu beachten, daß ein richtiger Rechtsbegriff und ein verpflichtender Rechtsgrundsatz immer nur dann entstehen können, wenn auch die einzelnen Reflexionen über den Menschen als Rechtssubjekt und die Mannigfaltigkeit der zu erstrebenden Rechtsobjekte objektiv richtig sind. Eine sachlich unrichtige ethisch-soziale Begriffsbildung in Bezug auf die körperliche und geistige Wesensausgestaltung des Menschen, die Güter und Produkte der materiellen Welt wie des geistigen Lebens, hat eine falsche Rechtsvorstellung im Gefolge. Infolgedessen kann es durchaus nicht befremden, daß wir innerhalb einer kulturgeschichtlichen und ethnologischen Vergleichung vielen Scheinrechtsbegriffen begegnen." Eine der Aufgaben des Juristen wird es nun stets bleiben, derartige Scheinrechtsbegriffe als solche aufzudecken und für die Abschaffung der auf sie etwa aufgebauten, im Gewissen des einzelnen nicht mehr verbindlichen Gesetze hinzuwirken. Dies wird um so schwieriger werden, je komplizierter die wirtschaftlichen Verhältnisse eines Staatswesens sind. Von gewissen Grundbegriffen und allgemeingültigen Prinzipien aus läßt sich aber die Richtigkeit eines Rechtssatzes kontrollieren. Solche Grundbegriffe und Grundsätze gibt es, wie dargelegt. Es ist eine hohe Aufgabe, sie mehr und mehr herauszuarbeiten. In ihren einfachsten Grundlagen stellen sie ein unvergängliches Naturrecht dar [1]). Aus ihnen heraus läßt sich jedoch kein allumfassendes Naturrecht aufbauen, da das Recht wiederum zu eng mit den wirtschaftlichen Sondererscheinungen der einzelnen Volksgemeinschaft zusammenhängt, die vielfach im Flusse sind. Immerhin ist der Wert jener allgemeinen Sätze kein geringer. An ihnen sieht man im übrigen zugleich sehr deutlich den Zusammenhang des Rechts mit der sittlichen Ordnung. Sie sind aus dem Sittengesetz heraus entstanden, wie ja überhaupt das natürliche rechtliche Empfinden des Menschen in einfachen Fällen meist ohne weiteres mit seinem sittlichen Empfinden im Zusammenhang steht. Recht und Moral als schon ursprünglich und ohne unser Zutun durch die Vernunft geschieden und sich völlig entgegengesetzt hinzustellen, wie Fichte („Grundlage des Naturrechts nach Prinzipien der Wissenschaftslehre") es tut, widerstreitet den Tatsachen. Eine scharfe Unterscheidung zwischen Tugendlehre und Rechtslehre ist nicht gerechtfertigt [2]). Mögen auch die einzelnen Gesetze sich durchweg unabhängig vom Sittengesetz stellen, so ist letzteres bei der Prüfung, ob ein Gesetz wirklich richtiges Recht darstellt, doch immer wieder mitzuberücksichtigen. Denn richtiges Recht ist vernunftgemäßes Recht [3]). — Bei dem Zusammenhange des Rechts mit

[1]) Der Begriff des Naturrechts wird auch im neuen corpus juris canonici (vgl. dessen erstes Buch) festgehalten. Über das Recht dieses neuen kirchlichen Gesetzbuches vgl. besonders die Schrift des Berliner Kirchenrechtslehrers Ulrich Stutz: „Der Geist des codex juris canonici. Eine Einführung in das auf Geheiß Papst Pius X. verfaßte und von Papst Benedikt XV. erlassene Gesetzbuch der katholischen Kirche" (92. u. 93. Heft der von Stutz herausgegebenen „Kirchenrechtlichen Abhandlungen", Stuttgart, Ferdinand Enke). — Vgl. auch Noldin, „Summa theologiae moralis" (10. Aufl. Bd. I S. 134 ff.).

[2]) Vgl. dazu noch v. Hertling, „Recht, Staat und Gesellschaft", Kapitel 1 ff., und Cathrein, „Recht, Naturrecht und positives Recht", S. 308 ff. (2. Aufl.).

[3]) Vgl. hierzu besonders auch Cathrein, „Moralphilosophie. Eine wissenschaftliche Darlegung der sittlichen einschließlich der recht-

dem Sittengesetz ist es schwer, eine scharfe Begriffsbestimmung des Rechts zu finden. Felix Dahn gibt in seiner Rektoratsrede „Der Begriff des Rechts" folgende Definition: „Das Recht ist die vernunftgeforderte Friedensordnung einer Menschengenossenschaft in ihren äußeren Beziehungen zu den Menschen und den Sachen". Diese Definition hat viel Anklang gefunden. Sie läßt jedoch insofern an Deutlichkeit zu wünschen übrig, als auch die vernünftige Sitte vielfach eine Friedensordnung darstellt, ohne damit doch zu einer Rechtsordnung zu werden. — Das inhaltliche Prinzip des Rechts ist das Gerechte (vgl. Susson, „System der Rechtsphilosophie", 1882, S. 223). Recht und Gerechtigkeit sind Begriffe, die in engster, wesentlicher Beziehung zueinander stehen. Halten wir uns dies vor Augen, dann gibt uns Ulpians berühmte Äußerung über die Gerechtigkeit zugleich einen festen Anhaltspunkt für die Begriffsbestimmung des Rechts. Ulpian sagt (Dig. I, 1, 10 pr.): Justitia est constans et perpetua voluntas suum cuique tribuendi. Das Wesentliche hierin ist das suum cuique, das Prinzip, jedem das Seinige oder allen das Ihrige, das ihnen von Rechts wegen Zukommende zu geben [1]). Hierzu sagt Scherer a. a. O. S. 30 mit Recht: „Dieser Rechtsbegriff (das suum cuique) ist nicht, wie etwa Bergbohm und mit ihm eine Anzahl anderer Rechtsphilosophen im Sinne einer hübschen Verlegenheitsphrase sagen werden, rein formal, d. h. zu gut deutsch nichtssagend, sondern weist unseres Erachtens einen sehr positiven Inhalt auf, der aus der ethisch-sozialen Erfahrung entspringt. Es spricht sich in ihm die Überzeugung aus, daß innerhalb eines menschlichen Gemeinschaftslebens ein jeder, der ihm als vollwertiges Glied angehört, strikten Anspruch auf Bestimmtes, gerade ihm Zugehöriges zu erheben vermag. Insoweit wird einerseits einer Vielheit von sozial Verbundenen der Charakter von Rechtssubjekten ausdrücklich zuerkannt, andererseits kommt bereits das Eigentumsrecht in seiner

---

lichen Ordnung" (Freiburg 1893, 2 Bände). — Über das Verhältnis von Ethik und Recht vgl. auch die betreffenden Ausführungen Kohlers in der 2. Auflage seiner „Rechtsphilosophie".

[1]) Vgl. Mausbach: „Naturrecht und Völkerrecht" (1917) S. 52.

allgemeinsten Form, nämlich als das Interessenrecht der sozial verbundenen Menschen, zum Ausdruck. Der in Rede stehende oberste Rechtsbegriff treibt aber auch unmittelbar zur Fixierung eines obersten Grundsatzes fort, der also lautet: Innerhalb eines menschlichen Gemeinschaftslebens hat jeder einzelne die Interessensphäre des Nebenmenschen zu respektieren." Der Rechtsbegriff des Suum cuique hat also bereits einen positiven Inhalt [1]). Selbstverständlich ist dieser ganz allgemein gehalten. Das einem jedem im konkreten Falle Zukommende näher festzustellen, ist Sache des wissenschaftlichen Juristen, der dafür unendlich viel lernen kann, wenn er Stammlers treffliches drittes Buch der „Lehre vom richtigen Recht", nämlich die „Praxis des richtigen Rechts" eingehend studiert. Dort zeigt Stammler in einer überaus großen Zahl von Fällen sehr klar, wie beschränkt und vielfach bedingt das positive Recht ist, weshalb auch der praktische Richter sich immer wieder über die Begriffe und Grundsätze des richtigen Rechts klar werden muß. Es ist eben ein recht großer Irrtum, zu glauben, das positive Recht sei lückenlos, sodaß seine Kenntnis zur praktischen Rechtsausübung genüge. Mit Recht sagt auch Bierling (Juristische Prinzipienlehre I. S. 2 f. — 1890 —): „Wer etwa meint, einen allgemeinen Teil der Rechtswissenschaft rein auf dem Wege der Induktion aus einem bestimmten positiven Rechte und entsprechend auch immer nur für ein solches herstellen zu können und zu sollen, der täuscht sich in Wirklichkeit nicht nur über die Aufgaben der Rechtswissenschaft, sondern auch ebensosehr über seine eigene Stellung zu derselben. Wäre wirklich alles am Recht positiv und demgemäß auch alles daran verbindlich, so wäre es von vornherein ganz unzulässig, von einer Rechtswissenschaft schlechtweg zu reden; man müßte vielmehr mindestens von einer unbestimmten Anzahl von Wissenschaften sprechen, von denen möglicherweise jede, und zwar berechtigterweise, einen besonderen Begriff von Recht hat, je nach der Auffassung des betreffenden Gemeinwesens, des betreffenden Volkes, der betreffenden Zeit." Bierling versucht sodann herauszufinden und im Zusammenhang

---

[1]) Vgl. auch Cathrein, „Recht, Naturrecht, positives Recht", woselbst er Stellung gegen Stammlers gegenteilige Auffassung nimmt.

darzustellen, was an allem positiven Recht gleichartig ist. Er geht davon aus, daß es juristische Begriffe und Grundsätze gibt, die unabhängig von der Individualität der einzelnen konkreten rechtsbildenden Gemeinschaft, also gültig für jedes positive Recht sind. Solche zu finden ist nach allem Dargelegten neben der Beherrschung des jeweils geltenden positiven Rechts eine Hauptaufgabe der Jurisprudenz; denn auf solche allgemeine Grundsätze zurückzugehen wird auch der praktische Jurist überall da gezwungen, wo gemäß gesetzlichen Bestimmungen nach billigem Ermessen entschieden werden soll (vgl. §§ 1024, 1060 B. G. B.), wo „eine verständige Würdigung des Falles" (§ 119 B. G. B.) bei der Entscheidung mitzusprechen hat, wo es sich um die Prüfung handelt, ob Geschäfte „gegen die guten Sitten" (§ 138 B. G. B.) verstoßen, wo das „Tunliche" eine Maßnahme in Frage steht (§§ 1690, 2216) usw. Mit Recht weist Stammler („Lehre vom richtigen Recht" S. 139) auch darauf hin, welche Rolle das „natürliche Rechtsgefühl" in höchstrichterlichen Entscheidungen spielt. Oftmals schweigt ferner das positive Recht, um, wie es in den Kommentaren heißt, der Entwickelung der Rechtswissenschaft nicht vorzugreifen. Die Entscheidung bleibt alsdann dem „richtigen Recht" überlassen. (Vgl. Stammler L. v. r. R. S. 271.) Das positive Recht vermag eben die Gesamtheit aller denkbaren Rechtsfragen nicht zu umfassen. Ein rein technisches Verfahren genügt also auch für den praktischen Juristen nicht.

Nach all dem Gesagten wird es nun nicht mehr schwer sein, zu entscheiden, ob die Jurisprudenz eine Wissenschaft ist.

---

§ 5.

Die Jurisprudenz als selbständige Wissenschaft und die Wissenschaftlichkeit bei der praktischen Handhabung des Rechts.

Wie bereits oben (S. 70) dargelegt, ist unter Jurisprudenz im weitesten Sinne auch die Rechtsphilosophie, überhaupt unsere gesamte Kenntnis vom Recht zu verstehen. Die Rechtsphilosophie hat nun aber, wie auch bereits gezeigt, das Wesen des Rechts aus unserer inneren und äußeren Erfahrung heraus auf evidente Prinzipien, absolute Wahrheiten, zurückzuführen. Insoweit also die Jurisprudenz Rechtsphilosophie ist, ist sie zweifellos auch eine Wissenschaft (und zwar nach der S. 62 gegebenen Begriffsbestimmung Geisteswissenschaft), zumal die Rechtsphilosophie als besonderer Teil der Jurisprudenz ein systematisch gegliedertes Ganzes ist.

Die Jurisprudenz hat es dann weiter vielfach mit geschichtlichen Tatsachen zu tun. Die sog. historische Rechtswissenschaft, die Rechtsgeschichte, sucht als Teil der Jurisprudenz die geschichtliche Entstehung und den Entwickelungsgang des Rechts aufzudecken. Diese historische Rechtswissenschaft hat nicht etwa nur geschichtliches Interesse, sondern ist auch für den praktischen Richter von Wert, der allerdings auch nicht überschätzt werden darf. Ihr Wert besteht neben der Klärung und Vertiefung mancher Rechtsbegriffe, die durch die Erforschung ihrer Entstehung herbeigeführt wird, vor allem darin, daß der Richter überhaupt mehr und mehr in das Verständnis noch bestehender alter Rechtsinstitute und noch in Geltung befindlicher alter Gesetze eingeführt wird. Besonders für solche Juristen, die sich viel mit Kirchenrecht zu befassen haben, ist eine historische Betrachtung der Entwickelung vieler Rechtsinstitute unerläßlich, da nur aus solcher manche Begriffs- und Rechtsklärung zu erwarten ist. Auch die vielen noch in Geltung befindlichen alten Gesindeordnungen, ferner das Fideikommißrecht und das Recht der Stammgüter sind nur bei geschichtlicher Erforschung ihrer Entstehung richtig zu würdigen und auszulegen. Nach dem oben (S. 57) Dargelegten ist nun aber auch die Erforschung geschichtlicher Tatsachen Wissenschaft, die Jurisprudenz als Rechtsgeschichte also auch Wissenschaft.

Wie aber steht es nun mit der sog. dogmatischen Rechtswissenschaft, die von vielen allein als Jurisprudenz bezeichnet wird. Ist sie Wissenschaft?

Zuvörderst müssen wir uns darüber klar sein, was alles unter dogmatischer Rechtswissenschaft begriffen wird. Gemeinhin mit Recht die sog. technische Rechtslehre, d. h. die Bildung eines Systems der Rechtswissenschaft sowie die Einfügung der im positiven Rechte eines Gemeinwesens vorhandenen Rechtssätze in dieses System. Diese dogmatische Rechtswissenschaft hat den positiven Rechtsstoff systematisch zu ordnen und zu gliedern und dabei in bestimmte Lehrsätze (dogmata) zu fassen, die eine Beherrschung des geltenden Rechts ermöglichen.

Salomon (a. a. O. S. 86, 87) meint nun, die technische Rechtslehre sei deshalb keine Wissenschaft, weil ihre Gegenstände nicht solche einer Wissenschaft sein könnten. Die Gegenstände der Gesetze seien nämlich ihrem Wesen nach nicht zu einer Einheit zusammenzuschließen, auch nicht lückenlos, wie es naturgemäß die Gegenstände der Wissenschaften seien. Sternberg hingegen erklärt (a. a. O. S. 192 f.) die Rechtsordnung für lückenlos und widerspruchslos und gründet allein auf diese Behauptung die Eigenschaft der Jurisprudenz als einer Wissenschaft. „Denn Wissenschaft ist eben", so erklärt er, „ein in sich widerspruchloses Wissenssystem, ein Wissen, dessen gesamter Inhalt sich unter einheitlichem Gesichtspunkte zusammenfassen läßt. Denn auf Grund davon läßt sich Richtiges und Falsches unterscheiden, was die Aufgabe der Wissenschaft ist. Was in die unter einheitlichem Gesichtspunkt ausgerichteten Zusammenhänge hineinpaßt, ist richtig, was diese abweisen und ausscheiden, falch. So lehrt uns die kritische Pilosophie Kants und sie lehrt weiter, daß solchermaßen in gleicher Weise auf theoretischem wie auf praktischem Gebiete Richtiges und Unrichtiges sich scheiden lassen. Sowohl das theoretisch Richtige (d. i. das Wahre) wie das praktisch Richtige (d. i. das Sittengemäße, Gute, Gerechte) ist nichts anderes als das (auf Grund des Hineinpassens in die theoretischen bezw. prakischen Zusammenhänge) allgemein Gebilligte."

Nach dem bereits früher [1]) Gesagten ist nun Salomon darin Recht zu geben, daß die positive Rechtsordnung nicht lückenlos ist [2]). „Das wird", sagt Salomon a. a. O. S. 65 zutreffend, „niemand behaupten wollen, daß das Gesetz an sich lückenlos ist oder daß dafür überhaupt nur die Möglichkeit vorliegt. Die einfachste Überlegung schon bringt uns zu dieser Überzeugung. Das

[1]) S. 64 ff.

[2]) Vgl. auch Max Burckhard, „Der Richter", S. 76.

Gesetz kann nicht alle Seiten des Lebens berücksichtigen: es ist aus dem zufälligen Stande der historischen Entwickelung erwachsen und darum zufällig; das Gesetz bleibt in seiner starren Form jahrzehntelang, ja vielleicht sogar jahrhundertelang bestehen. Doch das Leben, das es regeln will, ist vielgestaltig und entwickelt sich unaufhaltsam immer weiter; neue soziale Phänomene tauchen auf, neue Ideen und Gedanken verbreiten sich, die Technik zeitigt Dinge, von denen die Zeit, in der das Gesetz entstand, nichts ahnen konnte. Das Gesetz ist also nicht vollständig, für jede zufällige Erscheinung des Lebens gerichtet, derart, daß eo ipso eine Entscheidung stets gefunden werden kann und muß. — — Ein Beweis dafür, daß das Gesetz lückenlos ist, ist unmöglich und wird auch niemals ernsthaft versucht. Diejenigen, die an der Vollkommenheit der Gesetze festhalten, begründen nicht diese, sondern nehmen sie als Konsequenz des Rechtsverweigerungsverbots" [1]).

[1]) Ein solches Rechtsverweigerungsverbot enthält Art. 4 des französischen Code civil, der bestimmt, daß jeder Richter, der unter dem Vorwande, daß das Gesetz zu einem Falle stillschweige oder daß es unklar sei, eine Entscheidung verweigere, wegen Rechtsverweigerung angeklagt werden könne. — Für uns besteht ein solches ausdrückliches Verbot nicht, gilt aber selbstverständlich als vorhanden. Um ihm gerecht zu werden, wird mit allen Mitteln der juristischen Hermeneutik, der Auslegungskunst (der „Kunstlehre von der richtigen Entscheidung der Rechtsfälle für den auf das Gesetz beeideten Richter" [Kremer, „Die leitenden Grundsätze der Gesetzesinterpretation", Grünhuts Zeitschrift Bd. 32, S. 616]) versucht, im Wege der restriktiven und extensiven Interpretation, der Analogie, des Gewohnheitsrechts als Teils der Rechtsordnung usw. das gerade Passende in das Gesetz hineinzutragen. Nicht mit Unrecht bezeichnet Radbruch in „Rechtswissenschaft als Rechtsschöpfung", S. 364, dies Verfahren als ein solches, „wie man den Anschein erweckt, das Gesetz auszulegen, wo man in der Tat dem Gesetz unterlegt". Man muß dabei notgedrungen vielfach vorgeben, den wahren Inhalt des Gesetzes darzulegen, während man in Wirklichkeit weit darüber hinausgeht. Man treibt in Wirklichkeit freie Rechtsschöpfung. Man sollte doch auch einmal bedenken, wie der Art. 4 des Code civil begründet wurde. Bei der Beratung dieses Artikels wurde auf den Einwand, daß das Gesetz unmöglich alle denkbaren Fälle umfassen, sie voraussehen könne, entgegnet: „S'il ne trouve pas dans la loi des règles pour décider, il doit recourir à l'équité naturelle". Der Richter soll also, falls er im Gesetze

Damit jedoch, daß eine Lückenlosigkeit der positiven Rechtsordnung nicht existiert, entfällt die Möglichkeit, daß die Jurisprudenz auch als Rechtslehre, als dogmatische Jurisprudenz eine Wissenschaft sei, wie aus den Darlegungen unten mithervorgehen wird, noch keineswegs. Salomon meint dann zwar weiter (a. a. O. S. 83, 84), bei einer wahren Wissenschaft hätten wir es mit einzelnen Tatsachenwahrheiten zu tun, die durch die „Einheit des Begründungszusammenhangs" sich zur Wissenschaft zusammenschlössen; in der Rechtswissenschaft dagegen seien es vergängliche Willensentscheide, deren Umfang und Tragweite wir zu erkennen suchten. In der Jurisprudenz sei es nämlich der Gesetzgeber, der die Wahrheiten der Wissenschaft diktiere; sein Wille sei für die Jurisprudenz, was der Weltzusammenhang für die Naturwissenschaft ist. Und so wie der Naturwissenschaftler diese Welt zu erkennen sucht, so strebe der Jurist danach, den Gesetzgeber zu erkennen, der letzten Endes der Gegenstand seiner wissenschaftlichen Betrachtung sei. Hierbei ist aber die Aufgabe des Juristen denn doch zu eng gefaßt. Der Jurist hat zweifellos den Sinn des Gesetzes kennen zu lernen, damit ist jedoch seine Aufgabe noch keineswegs

---

keine Regeln findet, auf die hin er entscheiden kann, nach den Grundsätzen natürlicher Billigkeit entscheiden. Diese Grundsätze natürlicher Billigkeit sind aber doch zweifellos etwas außerhalb der Gesetze Liegendes und nicht etwa Teile derselben, können auch wegen ihrer mangelnden Fixierung durch irgendwelche Bezugnahme auf sie noch nicht Teile eines Gesetzes werden. Dem Gesetze, dem positiven (gesetzten) Rechte ist es doch gerade eigen, feste, bestimmte Satzungen zu geben. Soweit es an solchen mangelt, auch die etwa in Bezug genommene jeweilige Verkehrssitte, ferner die Analogie oder das Gewohnheitsrecht, das vielfach dem Gesetzesrecht gesetzlich gleichgestellt ist, nicht aushilft, haben wir es mit Lücken im Gesetze zu tun, die nur durch Grundsätze des idealen Rechts, das unabhängig vom Gesetzesrechte existiert, mit ihm sogar in Widerspruch treten kann, also etwas ganz anderes ist, unter Berücksichtigung aller positiven Rechtssatzungen ausgefüllt werden können. — Übrigens schreibt auch Art. 7 des österreichischen Bürgerlichen Gesetzbuchs vor, zur Erklärung und Ergänzung des positiven Rechts, vor allem wo es sich um Antinomien handelt, die natürlichen Rechtsgrundsätze heranzuziehen, und ebenso verfährt das badische Landrecht von 1809 (vgl. Bergbohm, „Jurisprudenz und Rechtsphilosophie" I, 183).

erschöpft. Er soll, wie schon früher gesagt, das Recht auf seine Richtigkeit hin prüfen und dafür Sorge tragen, daß als Recht auftretende ungerechte Satzungen abgeschafft oder geändert werden. Denn durch den staatlichen Zwang kann nimmermehr Unrecht Recht werden, mag ihm auch der Name des Rechts beigelegt sein[1]). Ferner hat, wie auch schon erwähnt, der Richter beim Vorhandensein von Gesetzeslücken nach natürlichem Rechtsgefühl, besser gesagt nach den Grundsätzen des echten (richtigen) Rechts zu entscheiden. Er hat sich deshalb in ein vollendetes System echten Rechts einzuarbeiten, dessen Inhalt keinesfalls mehr nur vergängliche Satzungen enthält, das vielmehr in seinen Grundlagen auf allgemeingültigen, einleuchtenden — evidenten — Grundsätzen für praktisches Verhalten beruht und im übrigen bei Berücksichtigung der jeweilig obwaltenden sozialen Zustände das allein Richtige für jeden Fall zu erfassen sucht. Soweit Lücken im Gesetz vorhanden sind, ist das „richtige Recht" maßgebend, soweit ferner das positive Recht bereits eine Entscheidung getroffen hat, diese jedoch in offenbarem Widerspruch zu Lehren des richtigen Rechts steht, ist auf die gesetzliche Änderung des positiven Rechts hinzu-

[1]) „Das Recht des Staates ist nicht ein absolutes über den Menschen, daher auch der Gehorsam, welchen der Staatsbürger der Obrigkeit, der Privatmann der Staatsgewalt schuldet, kein absoluter. Wo das menschlich irdische Recht an die Grenzen seiner Macht gekommen, wo das innere, unsichtbare Geistesleben in angeborener Freiheit waltet, da hat vorerst auch der staatliche Gehorsam sein Ende gefunden, und kein Individuum ist verpflichtet, so zu glauben, zu denken und zu fühlen, wie die Staatsgewalt etwa vorzuschreiben sich angemaßt hat." (Bluntschli, „Die Lehre vom modernen Staat" II, S. 664). In ähnlicher Weise sagt einmal Schopenhauer: „Aber nur, wenn die positive Gesetzgebung im wesentlichen durchgängig nach Anleitung der reinen (d. h. moralischen) Rechtslehre bestimmt ist und für jede ihrer Satzungen ein Grund in der reinen Rechtslehre sich nachweisen läßt, ist die entstandene Gesetzgebung eigentlich ein positives Recht, und der Staat ein rechtlicher Verein, Staat im eigentlichen Sinne des Wortes, eine moralisch zulässige, nicht unmoralische Anstalt. Widrigenfalls ist hingegen die positive Gesetzgebung Begründung eines positiven Unrechts, ist selbst ein öffentlich zugestandenes erzwungenes Unrecht". — Vgl. auch Stammler, „Recht und Macht" (Berlin 1918, Verlag von Carl Heymann).

wirken und einstweilen nach Möglichkeit im Vergleichswege das richtige Recht zu berücksichtigen. Nur so kann der Jurist seine ideale Aufgabe erfüllen. Trotz der Mannigfaltigkeit der Gesetze und der verschiedensten rechtlichen Anschauungen kann es nur ein wahres Recht, eine der Natur der einzelnen Sache entsprechende richtige Rechtsauffassung geben. Diese zu treffen ist die Absicht jedes vernünftigen Gesetzgebers. Sie unter Berücksichtigung und mit Beherrschung der Gesetze zu finden ist Sache des Richters. Mit Recht sagt der Rechtsphilosoph Schröder (E. H. Schröder, „Das Recht in der geschlechtlichen Ordnung", S. 11, wiedergegeben von Scherer a. a. O. S. 33): „Das Dasein sowohl als auch der Inhalt des richtigen Rechts ist auf jeder Entwickelungsstufe und in jeder Gesellschaftsform ein gegebenes, unverrückbares. Die Menschheit hat auf dieses Recht, das *δίκαιον*, keinen Einfluß. Der Mensch vermag Gesetze zu schaffen, ja er kann sich, ob sie gerecht oder ungerecht sind, an sie gewöhnen. Das echte Recht ist eines in sich, durch sich, es ist um seiner selbst willen, es muß so sein, wie es ist, kann nicht anders sein, und wäre es anders, so würde es Unrecht sein. Das Recht ist der vollkommene Ausdruck der idealen Wahrheit aller menschlichen Lebensverhältnisse und Beziehungen, das Unrecht der der Lüge. So sicher es ist, daß es eine, nur eine Wahrheit gibt, so sicher gibt es nur ein echtes Recht. Nur eines kann Wahrheit sein, nur eines Recht". Man darf nur — will man Fehler der sog. Naturrechtsschule vermeiden — nie aus dem Auge lassen, daß dieses zweifellos zunächst aus naturrechtlichen Anschauungen entspringende Recht später bei seiner Weiterentwickelung je nach den sozialen Lebensverhältnissen, wie oben schon hervorgehoben, vielfach variiert, sodaß man alsdann nicht mehr von einem Naturrecht, das dem Sprachgebrauch nach für alle Menschen und zu allen Zeiten und unter allen Umständen gilt, sprechen kann, vielmehr das für den Einzelfall zutreffende Recht wohl eben am besten als richtiges Recht bezeichnet [1]). Die Lehre von diesem richtigen Rechte äußerst

[1]) Eigentlich können ja nur gesetzliche Maßnahmen mit den Prädikaten richtig oder unrichtig gekennzeichnet werden. Da aber auch unrichtige Maßnahmen, solange sie bestehen, als Recht (positives

fruchtbar betrieben zu haben, ist Stammlers unbestreitbares großes Verdienst, mag man auch seinen Ansichten im übrigen mit Recht oft widersprechen. Diese Lehre muß nun das System der technischen Rechtslehre, will letztere auf Wahrheit Anspruch erheben, soweit als möglich beherrschen. — Es wurde schon gesagt, daß man unter technischer Rechtslehre nicht etwa eine sich an das Gesetz sklavisch anlehnende Systematik, sondern die Bildung eines rechtswissenschaftlichen Systems versteht, in das das positive Recht eingefügt ist. Jegliches vollendete System, jede Systematik ist bekanntlich eine geordnete Übersicht von Begriffen und Urteilen oder Leitsätzen, deren scharfe Erfassung durch den Verstand die richtige Durchschauung der jeweils in Betracht kommenden Verhältnisse ermöglicht und, auf die praktischen Lebensverhältnisse angewandt, deren sachgemäße Bewertung erleichtert. Aus diesem Grunde sind ja auch fast alle Gesetze systematisch aufgebaut. Die Grundgedanken, Leitsätze, beherrschen gewöhnlich die Art der Darstellung, die Anordnung und Abfassung der einzelnen Paragraphen. Bei einzelnen Gesetzen wird es nun keine allzu großen Schwierigkeiten bereiten, die Systematik des Gesetzes in die Systematik eines „richtigen Rechts“, d. h. einer sich auf evidente Prinzipien aufbauenden allgemeinen Rechtsordnung einzufügen. Sollte dies bei allen Gesetzen gelingen, so würden wir unzweifelhaft eine alle Lebenserscheinungen umfassende, in sich geschlossene praktische Rechtslehre erhalten, die auf festen obersten Rechtsbegriffen und Grundsätzen fußen würden, deren Möglichkeit früher schon dargelegt ist. In dieser Rechtslehre müßte sich dann sinngemäß ein Streben nach Einheit zeigen. Die Einzelergebnisse würden sich trotz Berücksichtigung der besonderen sozialen Verhältnisse doch wieder auf evidente Grundprinzipien, die das ganze Recht beherrschen, zurückführen lassen, und damit würde eine derartige dogmatische Rechtslehre zur Wissenschaft [1]).

Recht) bezeichnet werden, kann man auch von richtigem (echtem) und unrichtigem (insbesondere der Abänderung bedürftigem positivem) Recht sprechen. — Man kann das richtige Recht auch als Naturrecht im Sinne einer die Verschiedenheit gegebener sozialer Lebensverhältnisse berücksichtigenden philosophischen Betrachtung bezeichnen.

[1]) Nach Stammler („Die Lehre vom richtigen Recht“, S. 5) soll die juristische Technik bereits durch das Streben nach Einheit den

Eine zugleich alle Gesetze mitumfassende Lehre vom richtigen Recht ist jedoch z. B. nicht denkbar, auch kaum jemals zu erwarten. Die vielen einzelnen Gesetze weichen in ihren grundlegenden Auffassungen teilweise ziemlich stark voneinander ab und entsprechen nicht immer den Lehren richtigen Rechts, die aus evidenten Prinzipien herzuleiten sind. Dieser Widerspruch mit Lehren des richtigen Rechts wird sich kaum je ganz beseitigen lassen. Man wird daher stets mehr oder weniger zwischen einer solchen theoretischen Rechtslehre, die sich eng an die Ergebnisse der Forschung nach richtigem Recht anlehnt, und einer anderen Rechtslehre, die mehr eine geordnete Übersicht und Entwickelung des Gesetzesrechts ist, sich ganz anschließend an die Terminologie und die Leitsätze der Gesetze, unterscheiden müssen. Beide völlig getrennt darzustellen ist jedoch nicht angängig. Würde man das Gesetzesrecht allein behandeln, so würde man gar keine Leitsätze bei der Ausfüllung von Gesetzeslücken bieten. Würde man umgekehrt nur die Lehren des richtigen Rechts ohne jeglichen Anschluß an die Auffassungen der Gesetze behandeln, so würde man eine zu weite Kluft zwischen beiden hervorrufen und die praktische Handhabung des Rechts erschweren. Es wird also stets eine Aufgabe des Juristen sein, sich ein System zu bilden, das, fußend auf den Grundlagen richtigen Rechts (die ja fast allen Gesetzen stillschweigend untergelegt sind), dies richtige Recht unter Berücksichtigung und im vielfachen Anschluß an die Begriffe und Leitsätze der Hauptgesetze zu entwickeln strebt. Wo sich jedoch die Ergebnisse des richtigen Rechts nicht mit den Anschauungen der Gesetze vereinigen lassen, da scheiden sich vielfach vorübergehend die Wege. Im Interesse des Verständnisses der Gesetze und der richtigen Anwendung derselben sind die Folgerungen der gesetzlichen Grundsätze auszubauen; daneben sind im Interesse alsbaldiger Gesetzesabänderung die Folgen richtigen Rechts darzulegen. Letztere sind im übrigen immer insoweit ganz ausführlich zu behandeln, als es

---

Rang einer Wissenschaft erhalten. Dies Streben allein genügt jedoch noch nicht; man verlangt vielmehr, wie früher schon gezeigt, für eine Wissenschaft die Beherrschung durch evidente Prinzipien, die im richtigen Recht beziehungsweise Naturrecht gegeben sind.

gilt, hiermit Lücken des Gesetzes auszufüllen [1]). Da solche immer wieder vorhanden sein werden, bedarf der praktische Jurist stets der Kenntnis und vielfach auch der selbständigen Weiterentwickelung der Lehren des richtigen Rechts. Auch eine demgemäß aufgefaßte und behandelte technische Rechtslehre, also eine nicht nur gesetzestechnische sondern das richtige Recht mithandhabende und mitweiterentwickelnde, im Grunde genommen auf evidente Prinzipien zurückgehende juristische Tätigkeit bleibt eine Wissenschaft, die betreffende Arbeit ist eine juristisch fachwissenschaftliche. Beschränkt man sich jedoch lediglich auf die systematische Bearbeitung des Inhalts der einzelnen Gesetze ohne in eine Prüfung ihres Verhältnisses zum richtigen Recht einzutreten, so kann man nicht mehr den Anspruch erheben, Wissenschaft im strengen Sinne zu betreiben. Der praktische Jurist kann sich aber auch mit dem Studium solcher Darstellung nach allem bereits Gesagten nicht begnügen. Er hat eben da, wo sich bei der Behandlung eines Rechtsfalls Lücken im Gesetz herausstellen, auf die Lehren des richtigen Rechts einzugehen und letzteres unter Umständen selbst weiterzubilden. Er wird dabei wohl meist zu Entscheidungen gelangen, die nicht nur dem vernünftigen Volksempfinden entsprechen sondern auch von jedem vernünftigen Gesetzgeber, der ein Gesetz zur Ausfüllung der betreffenden Gesetzeslücke zu erlassen hätte, gebilligt werden würden. So bestimmt denn auch § 1 des Schweizer Bürgerlichen Gesetzbuchs, der Richter solle dann, wenn das Gesetz

[1]) Diese Teilung im Recht mag auch Otto Bähr in gewisser Weise im Sinne gehabt haben. Denn er sagt („Urteile des Reichsgerichts mit Besprechungen" S. 10): „Es wird in unserer gesamten Rechtswissenschaft nicht genügend Gewicht gelegt auf die Unterscheidung zweier Bestandteile unseres Rechts, die, wenn auch eine scharfe Trennung derselben nicht durchführbar ist, doch eine durchaus verschiedene Natur haben. In unserem Recht sind zu unterscheiden einerseits diejenigen Regeln, welche einen positiven, in sich abgeschlossenen Rechtssatz aufstellen, und andererseits diejenigen Regeln, welche eine solche positive Natur gar nicht beanspruchen, weil sie das Ziel, das ihnen vor Augen schwebt, damit nicht erreichen können. Dieses Ziel ist kein anderes, als dasjenige auszusprechen, was in der Natur der Dinge liegt. Es sei gestattet, jene Regeln positives, diese wissenschaftliches Recht zu nennen".

eine Lücke enthalte, „nach der Regel, die er als Gesetzgeber aufstellen würde", entscheiden. Eine derartige Regel dürfte ja im wesentlichen nur dann mit Lehren richtigen Rechts in Widerspruch treten können, wenn etwa der Gesetzgeber sich zur Einführung einer Formvorschrift veranlaßt gesehen haben würde. Denn die vielfach nötigen Formvorschriften sind es hauptsächlich, die oftmals eine Divergenz zwischen positivem Recht und natürlichem Rechtsempfinden herbeiführen und manche richterliche Entscheidung dem Laien als weltfremd erscheinen lassen [1]). Sie lassen sich jedoch vielfach nicht

[1]) Es will beispielsweise vielen Laien gar nicht recht einleuchten, daß dann, wenn jemand unter Nichtbeachtung der durch § 313 B. G. B. vorgeschriebenen Form der gerichtlichen oder notariellen Beurkundung für Grundstücksverkäufe sein Grundstück an einen anderen mündlich oder auch privatschriftlich verkauft und übergeben hat und der Käufer nun im Vertrauen auf die künftige Auflassung viel in das Grundstück hineingesteckt, letzteres vielleicht auch bebaut hat, immer noch der Verkäufer infolge Nichtigkeit des Kaufvertrags sein Grundstück wieder herausverlangen kann, da durch den formlosen Kaufvertrag gar keine Verbindlichkeit, nicht einmal eine sog. natürliche Verbindlichkeit begründet ist, weshalb auch Käufer sich nicht auf § 814 B. G. B. berufen kann. (Letzterer bestimmt, daß das zum Zwecke der Erfüllung einer Verbindlichkeit Geleistete dann nicht zurückgefordert werden kann, wenn der Leistende gewußt hat, daß er zur Leistung nicht verpflichtet war, oder wenn die Leistung einer sittlichen Pflicht oder einer auf den Anstand zu nehmenden Rücksicht entsprach.) Und noch weniger versteht es mancher Laie, daß in solchen Fällen der das Grundstück zurückerstattende Käufer höchst selten gesetzliche Handhaben hat, um zum vollen Ersatz seiner Verwendungen in das Grundstück zu gelangen, da der Bereicherungsanspruch aus § 812 B. G. B. das gestörte Gleichgewicht kaum einmal ganz herstellen kann. — Die Formvorschriften führen nicht selten zu unbilligen Entscheidungen. Das formale Recht läßt mitunter einen schroffen Widerstreit zwischen Moral und Recht entstehen, und es zeigt sich dann deutlich der Unterschied zwischen beiden. Die Moral erfaßt eben den Menschen von Grund auf in allen seinen sittlichen Regungen, das Recht nur insoweit, als dies zur Herbeiführung einer gesitteten Gemeinschaftsordnung erforderlich ist. Die Regeln der Gemeinschaftsordnung sollen natürlich — ideal gedacht — mit den Anforderungen der Moral übereinstimmen; darüber, wann dies der Fall ist, entscheidet jedoch naturgemäß die Volksanschauung beziehungsweise der Gesetzgeber, wobei ein Wechsel der Ansichten der Natur der Sache nach nicht ausge-

umgehen; im Interesse der Rechtssicherheit, der Klarheit der Rechtsverhältnisse, des Schutzes unerfahrener Personen vor Ausbeutung usw. müssen sie für das materielle und das Prozeßrecht trotz aller ihnen stets anhaftenden Mängel in gewissem Umfange bestehen. Es müssen nur nach Möglichkeiten Schutzmaßnahmen dagegen getroffen werden, daß eine unabsichtliche Außerachtlassung nicht zuweitgehende Schädigungen einer Partei zur Folge hat, womöglich ihre sämtlichen Ansprüche jeglicher Art verloren gehen läßt. — Dem Richter, der nach Billigkeit entscheiden möchte, erwachsen in solchen Fällen oft rechte Schwierigkeiten. Denn überall da, wo das positive Recht sei es infolge des Dazwischentretens von Formvorschriften sei es auch aus anderen Gründen sich wirklich als unbillig herausstellt, kann der durch seinen Eid auf das Gesetz verpflichtete Richter nicht gegen das Gesetz entscheiden[1]);

schlossen ist. Im übrigen soll ja auch das Recht den Menschen nicht in eine moralische Zwangsjacke stecken, sondern seiner freien sittlichen Betätigung noch genügenden Raum lassen, da sich nur so echte Sittlichkeit herausbilden kann. Immerhin hat das Recht in der Hauptsache — wie früher dargelegt — auf der vernunftgemäßen sittlichen Ordnung zu basieren. Nur so kann es eine Existenzberechtigung finden, kann es Anerkennung vor der Vernunft erlangen.

[1]) Der Richter ist gemäß § 1 des Gerichtsverfassungsgesetzes dem Gesetze unterworfen, bei seinen Entscheidungen an die Gesetze gebunden. — v. Kirchmann behauptet nun (a. a. O.), daß die logische Schlußfolgerung aus der Gesetzesstelle sehr oft insofern Schein sei, als in Wirklichkeit die Rücksicht auf ein erstrebtes praktisches Ergebnis für das Urteil des Richters ausschlaggebend sei. Ähnlich urteilen auch manche neuere Schriftsteller, die dann ganz allgemein behaupten, der Richter vollziehe nicht nur eine formal logische Operation, sondern fälle auch Werturteile, er entscheide auf Grund eigener freier Bewertung widerstreitender Interessen. So sagt auch Zitelmann („Lücken im Recht" S. 34): „Die Gedankenoperationen, durch die er (der Richter) zu seinen Ergebnissen kommt, beruhen vielmehr zum größten Teil auf Wertungen und Abschätzungen, auf Eindrücken und Auffassungen subjektiver Färbung". Dies darf aber doch in rechtlicher Hinsicht, soweit nicht das Gesetz einmal ein Entscheiden nach freiem richterlichen Ermessen zuläßt, nur für das zunächst unkontrollierte Rechtsgefühl gelten, und letzteres muß dann recht objektiv an der Hand des Gesetzes daraufhin nachgeprüft werden, ob es nicht trügerisch ist und zum Verstoß gegen das Gesetz verleitet. — In tat-

er kann auch schon aus Gründen der Rechtssicherheit nicht die Befugnis zugesprochen erhalten, das Gesetz abändern zu dürfen. Gnaeaus Flavius (Dr. jur. Hermann U. Kantorowicz) spricht zwar in seiner Schrift, „Der Kampf um die Rechtswissenschaft“, den Wunsch aus, daß der Richter nicht nur dann, wenn der Sinn des Gesetzes zweifelhaft ist, sondern auch dann, „wenn es, seiner freien und gewissenhaften Überzeugung nach, nicht wahrscheinlich ist, daß die zur Zeit der Entscheidung bestehende Staatsgewalt die Entscheidung so getroffen haben würde, wie es das Gesetz verlangt“, diejenige Entscheidung treffen dürfe, „die, seiner Überzeugung nach, die gegenwärtige Staatsgewalt, falls der einzelne Fall ihr vorgeschwebt hätte, getroffen haben würde“. Ähnliche Gedanken und Wünsche sind auch von anderer Seite schon vorgebracht worden. Stampe z. B. fordert in seiner Abhandlung „Gesetz und Richtermacht“ (D. J.-Z. 1905, S. 1017 ff.), wiedergegeben in seiner Studiensammlung „Unsere Rechts- und Begriffsbildung“, S. 20 ff., für den Richter die Befugnis zur Ergänzung des Gesetzes in unbeschränktem, zur Abänderung des Gesetzes in beschränktem Maße, beschränkt in dem Sinne, daß sie sich nicht weiter erstreckt, als das Interesse der Allgemeinheit unbedingt erfordert. Diese Abänderungsbefugnis soll dem Richter unter besonderen Kautelen mit der Maßgabe zugesprochen werden, daß der Gesetzesänderung durch den Richter keine größere Kraft als seiner Gesetzesergänzung beigelegt werden dürfe, sodaß die Entscheidung nur für den Einzelfall binde und objektives Recht erst werde, wenn sie sich gewohnheitsrechtlich befestigt habe. Derartige Vorschläge dürften jedoch sämtlich an dem schwerwiegenden Bedenken scheitern müssen, daß ihre Durchführung viel zu viel Möglichkeit der Willkür, zu viel Subjektivismus gegenüber dem im Gesetz niedergelegten Gemeinwillen zur Folge haben würde. Die rechtsschöpferische Macht des Richters darf nicht über die Fälle hinausgehen, in denen das Gesetz schweigt, Lücken aufweist, oder unklar ist. Contra legem, gegen den klaren Willen des Ge-

---

sächlicher Beziehung — bei der Feststellung eines verworrenen Tatbestandes — können dagegen persönliche Eindrücke oftmals in weitgehendem Maße mitsprechen.

setzes, darf der Richter nie entscheiden. Ihm die gegenteilige Macht zuzusprechen, schließt doch auch eine arge Geringschätzung der gesetzgebenden Faktoren in sich. Der Gesetzgeber ist doch zweifellos kein Dummkopf und bestrebt, nach Möglichkeit allen denkbaren Rechtslagen gerecht zu werden. Allzu oft können also wohl Fälle, in denen ein Entscheiden contra legem unbedingt zu wünschen wäre, nicht vorkommen. Viele der sog. Freiheitstheorien kranken an Übertreibungen zu ungunsten der Gesetzgeber [1]). Zu begrüßen ist bei ihnen jedoch die sich immer mehr offenbarende Erkenntnis, daß das Recht an sich von staatlicher Macht vielfach unabhängig ist, staatliche Macht also ein Unrecht nicht zu Recht stempeln kann. Wo im übrigen eine staatliche Macht gar nicht gewirkt hat, wo eben Lücken im Gesetze vorhanden sind, da hat der Richter freie Hand, da ist er schöpferisch tätig, da entwickelt er die Lehren des sog. richtigen Rechts weiter, da führt er seine Entscheidungen auf evidente Prinzipien zurück, da treibt er selbständig Wissenschaft, indem er die betreffenden Prinzipien findet und zur Erweiterung unseres Wissens in Dingen des Rechts beiträgt. Seine Tätigkeit wird dadurch, daß sie auf ein Wissen um Dinge des Rechts, auf eine Erweiterung unserer Erkenntnis des Rechts gerichtet ist, neue, absolut sichere Begriffe bildet, zu einer wissenschaftlichen im Gegensatze zu einer technischen. Von einer Technik kann man doch nur bei Beschäftigungen sprechen, bei denen ein Auffinden neuer Prinzipien ausgeschlossen ist, sodaß die betreffende Tätigkeit sich in der Anwendung bestimmter Regeln oder bekannter Begriffe auf die Erscheinungen des Lebens erschöpft. Außerdem verbinden wir mit dem Begriff Technik auch oft den Gedanken, daß die betreffende

[1]) Bezüglich der Freirechtstheorien vgl. insbesondere Gnaeus Flavius a. a. O., sowie die im Anhang S. 50 daselbst aufgezählten Schriften, ferner die Besprechungen Ungers in der Deutschen Richterzeitung 1906 Nr. 14, S. 781 ff. und Graf zu Dohna's (Jur. Litt.-Bl. 1906, S. 157 ff.), Gareis: „Freies Recht, Gesetzeszwang und Richteramt" in Seufferts Blättern für Rechtsanwendung, 75. Jahrgang (1910), S. 7 ff. und die dort aufgeführte Literatur, weiter „Die Tat", Rechtssondernummer aus Juli 1914, sowie Neukamp, „Der gegenwärtige Stand der Freirechtsbewegung" (Deutsche Juristenzeitung 1912 Spalte 44 ff.), Düringer, „Richter und Rechtsprechung", Danz, „Richterrecht", Fritz Gilles, „Die Billigkeit. Eine Grundform des freien Rechts".

Tätigkeit in einer gewissen mechanischen Übung, einer Handfertigkeit besteht, die man sich meist aneignen kann ohne eine besondere Veranlagung, ein sonderliches Maß von geistigem Können zu besitzen. Wo letzteres erforderlich ist, da sprechen wir von Kunst im weiteren Sinne [1]). Und von einer Kunst, nicht von einer Technik, müssen wir bei der Jurisprudenz da reden, wo sie sich lediglich als eine Anwendung gegebener Gesetze darstellt, wo sie ferner entscheidet nach bereits bekannten Grundsätzen der Billigkeit, ohne in Erforschung neuer Rechtsprinzipien einzutreten, wo sie mehr zur ars boni et aequi wird, als welche sie die Römer auch bezeichneten. Denn diese Rechtsanwendung ist — von einigen Bagatellsachen abgesehen — von einer handwerksmäßig erlernbaren Technik grundverschieden. Der Jurist hat auch einen viel zu hohen Gegenstand zu behandeln, als daß Fähigkeiten zur Erlernung eines Handwerks, eines handwerksmäßig zu betreibenden Berufs, für ihn genügen könnten. Hierüber sowie über die allgemeine Wissenschaftlichkeit bei der praktischen Handhabung des Rechts sei im folgenden noch einiges ausgeführt.

Die oftmals als Kunstdisziplin bezeichnete Jurisprudenz [2]) befaßt sich nicht nur mit der Anwendung gegebener Gesetzesbestimmungen auf vorhandene Tatbestände, sondern vor allem auch mit der Feststellung dieser Tatbestände zwecks ihrer rechtlichen Bewertung. Die Objekte der Feststellung sind aber meist menschliche Handlungen; es handelt sich um Beurteilungen äußeren und inneren menschlichen Verhaltens, um die Feststellung menschlicher Gedanken, Willensbetätigungen, Willenserklärungen, kurz: um die oftmals so schwierige Durchschauung des ganzen seelischen Verhaltens eines Menschen. Daß dies nicht selten die größten Anforderungen an den Verstand stellt, liegt auf der Hand. Der Zivilrichter und in ganz besonderem Maße der Strafrichter müssen mit tiefer Menschenkenntnis ausgestattet sein, wenn sie ihrem Amte gerecht werden wollen. Nicht minder auch der Richter der freiwilligen

[1]) Im engeren Sinne umfaßt die Kunst das ästhetisch Wirkende.

[2]) Die Jurisprudenz wird mitunter ebenso wie die Medizin lediglich für eine praktische Wissenschaft oder Kunstdisziplin erklärt. Da jedoch die Jurisprudenz nicht nur die Rechtsanwendung sondern auch selbständige Rechtsfindung umfaßt, so ist sie auch wahre theoretische Wissenschaft.

Gerichtsbarkeit, der Vormundschaftsrichter, bedarf tiefgehender Lebenserfahrung, um seine vielfältigen Aufgaben richtig erfüllen zu können. Sie alle müssen insbesondere die Psychologie nach Möglichkeit beherrschen. „Alles Recht hat es stets und nur mit dem Menschen zu tun. Es hat zum Gegenstande den Menschen in seiner psycho-physischen Totalität, den Menschen nicht nur als denkendes, sondern ebenso sehr als fühlendes, wollendes, durch Motive bestimmbares Wesen [1]." Und welche Fälle schwerwiegender Fragen gibt es in der Psychologie zu beantworten! Wie unklar sind doch die Begriffe der Laien in psychologischen Dingen. Wie muß sich daher der Richter erst eifrigsten Studien hingeben, um sich eine richtige Grundlage für die Bewertung von Zeugenaussagen, die Führung von Indizienbeweisen usw. zu verschaffen. Es ist für den Juristen eine volle Einarbeitung in die psychologische Wissenschaft erforderlich, damit er zumal sein verantwortungsvolles Amt als Strafrichter in richtiger Weise ausüben kann. Die Psychologie bildet für die Jurisprudenz die bedeutendste Hilfswissenschaft, sie ist mit der Rechtsanwendung so eng verbunden, daß dies allein schon genügt, um die praktische Handhabung des Rechts im gewissen Sinne als wissenschaftliche zu bezeichnen. Die große Bedeutung der Psychologie für die Rechtswissenschaft ist denn auch gerade in den letzten Jahren immer mehr erkannt und hervorgehoben worden. Der 31. Juristentag hat sich bereits mit der Frage befaßt, wie das Verständnis des angehenden Juristen für psychologische Fragen zu fördern sei (vgl. Kracht in der D. Richterzeitung, VII. Jahrgang — 1915 — S. 426). Auf die allgemeine Bedeutung der Psychologie für die Jurisprudenz weist weiter insbesondere Friedrich in seinem Buche „Die Bedeutung der Psychologie für die Bekämpfung der Verbrechen" [2]) hin. (Vgl. daselbst S. 1 ff. und 15 sowie die dort angeführte Litteratur) [3]). Otto ferner sagt treffend in seinem

[1]) Reichelt im Recht 1912, 449.

[2]) Hannover 1915 (Helwing'sche Verlagsbuchhandlung).

[3]) Vgl. ferner Marbe, „Die Bedeutung der Psychologie für die Rechtswissenschaft", D. J.-Z. 1916, 392. — Zur Einführung in die Psychologie vgl. Geyser: „Die Seele. Ihr Verhältnis zum Bewußtsein und zum Leibe" (Leipzig 1914); über Psychologie im Sinne Thomas von Aquins vgl. das gleichnamige Werk von Schneid (Schöningh, Osnabrück).

äußerst lesenswerten Schriftchen „Die Gewißheit des Richterspruchs“ S. 13: „Es wäre sehr zu wünschen, daß neben der Kriminalpsychologie auch eine zivilpsychologische Literatur entstände.“ Ohne psychologische Kenntnisse kann eben kein Richter auskommen. Hauptsächlich allerdings dem Strafrichter werden, zumal wenn der Entwurf eines neuen Deutschen Strafgesetzbuchs nach den Beschlüssen der Strafrechtskommission [1]) in seinen wesentlichen Bestimmungen — besonders bezüglich der bedingten Verurteilung und der „sichernden Maßnahmen“ [2]) — Gesetz wird, ganz außergewöhnliche Ansprüche hinsichtlich seiner Menschenkenntnis und Lebenserfahrung gestellt [3]);

[1]) Veröffentlicht von Ebermeyer, Berlin, Liebmann 1914.

[2]) Vgl. dazu auch v. Liszt, „Die sichernden Maßnahmen im Strafverfahren“ in der „Deutschen Strafrechtszeitung“ 1914, Spalte 45 ff.

[3]) Kohler hält allerdings den Entwurf eines neuen Strafgesetzbuchs für mißlungen. In einer Reihe von Abhandlungen (vgl. Nr. 7/8, 11/12, 13/14 und 15/16 der Deutschen Richterzeitung 1918) sucht er nachzuweisen, daß der Entwurf auf verfehlten Grundlagen beruhe. Insbesondere der Umstand, daß der Entwurf ebenso wie das jetzige Strafgesetzbuch die einzelne Straftat durch ihre sämtlichen Tatbestandsmerkmale zu kennzeichnen bestrebt ist, läßt ihn nach Kohler ganz unannehmbar erscheinen. Die „Definitionsmaschine“ soll keine Garantie dafür geben, daß die Gerechtigkeit zum Ziele gelange. „Darum in einem neuen Strafgesetzbuch weg mit diesen Definitionen!“, ruft er aus; „man kehre zu der Art zurück, wie es Schwarzenberg in der Bambergensis machte: eine kurze populäre Darstellung des Sachverhalts, etwa in Verbindung mit einigen Vorbehalten und erläuternden Zusätzen; das andere überlasse man der Wissenschaft, die aus dem Born der Geschichte und aus dem Born unserer Kulturethik schöpfen soll“. An Stelle des Betrugsparagraphen (263 St. G. B.) wäre z. B. nach Kohler folgende Gesetzesbestimmung richtiger: „Wer im Verkehr einen anderen betrügt, wird mit Gefängnis bis zu so und soviel bestraft, wenn nach den subjektiven und objektiven Umständen des Falles das Verhalten so gelagert ist, daß eine bürgerlich-rechtliche Ausgleichung nicht als genügend erscheint“. Alles Nähere wäre teils der Arbeit der Wissenschaft teils dem ethischen Ermessen des Richters im einzelnen Falle zu überlassen. — An Stelle der verschiedenen strafschärfenden Momente beim Diebstahl soll besser die Fassung treten, daß der Richter bei der Bestrafung des Diebstahls zu einer höheren Strafe aufsteigen dürfe, „wenn wegen der Art des Delikts, insbesondere wegen der Gefährlichkeit des diebischen Verhaltens und wegen der Überwindung der zur Sicherung des Eigentums dienenden Ein-

aber auch der Zivilrichter bedarf zur richtigen Bewertung von Aussagen großen Scharfblicks. „Die Frage, inwieweit eine freie Beweiswürdigung zur Erforschung wirklicher Wahrheit beitragen kann, ist identisch mit derjenigen nach der Vollkommenheit des Richters." (Otto a. a. O. S. 9.) — Von besonderem Interesse für den Juristen ist natürlich die pathologische Psychologie, die deshalb eine besondere Behandlung in den „Juristisch-psychiatrischen Grenzfragen" und ähnlichen Zeitschriften erfährt [1]).

Auch abgesehen von der Rechtsfindung als teilweiser Rechtsschöpfung ist die praktische Jurisprudenz also eine durchaus wissenschaftliche schon in dem Sinne, daß fortwährend mit den Ergebnissen

richtung, eine energische Bestrafung angemessen ist". — Daß unser geltendes Strafgesetzbuch durch das Bestreben, die Tatbestände so genau als nur möglich zu fassen, die mit seiner Auslegung beschäftigte Wissenschaft in manchen Fällen (so insbesondere beim schweren Diebstahl des § 243) dazu verleitet hat, sich in spitzfindigen Unterscheidungen zu verlieren, ist nicht zu verkennen und eine Abhilfe dieser Gefahr durch eine praktischere Gesetzesfassung für die betreffenden Fälle durchaus wünschenswert. Es handelt sich hier aber doch nur um Ausnahmefälle. Im allgemeinen kann man das Prinzip, die Straftaten im Gesetze genau zu definieren, ohne Gefährdung billiger gleichmäßiger Rechtsprechung nicht durchbrechen. Das ethische Ermessen der Richter weicht doch im einzelnen Falle erheblich voneinander ab. Das Strafgesetzbuch muß deshalb schon zur Beseitigung einer Volksbeunruhigung die Grenzen für die Strafbarkeit von Handlungen so genau als möglich ziehen. Es ist den einzelnen Volksgenossen das Recht zuzuerkennen, die Strafbarkeit von Handlungen selbst mit ziemlicher Sicherheit aus dem Gesetze entnehmen zu können. Das neue Strafgesetzbuch auf prinzipiell anderer Grundlage aufzubauen, wie dies Kohler verlangt, ist nicht angängig. Auch bei Beibehaltung des alten Prinzips bleiben der Wissenschaft und im Einzelfalle dem erkennenden Richter noch große Schwierigkeiten bei der Auslegung und Anwendung des Gesetzes, das ja — will es nicht die großen Züge verlieren — nie in einer alles Einzelne regelnden Kasuistik aufgehen darf (vgl. übrigens auch die Ausführungen des Oberstaatsanwalts Chrozescinskis gegen Kohler in der Deutschen Juristenzeitung vom 1. Juli 1918).

[1]) Vgl. auch Dr. Bruno Fürst, „Die Bedeutung des Hypnotismus für Strafrecht und Strafprozeß" (Frankfurt a. M. 1918, Kesselring'sche Hofbuchhandlung). — Über Hypnotismus vgl. auch Finlay „Der Hypnotismus. Seine Erscheinungen, ihr Erklärungsversuch, ihre Gefahren" (Aachen, Verlag Rudolf Barth).

wahrer Wissenschaften wie der Psychologie gearbeitet wird; sie ist dann weiter auch insofern wissenschaftlich, als bei der Gesetzesanwendung — wie aus späteren Darlegungen (vgl. S. 109 ff.) hervorgehen wird — immer wieder eine wissenschaftliche Begriffsbildung stattfindet. Die Jurisprudenz ist in Wirklichkeit gar nichts anderes als eine praktische Philosophie, als welche sie schon die Römer betrachtet und als welche sie auch Ihering bezeichnet hat. „Die Rechtswissenschaft", sagt mit Recht Goldschmidt in der Zeitschrift für Handelsrecht, Bd. 35, S. 11, „ist nichts anders als civilis sapientia, die praktische Philosophie der Bürgerlichen Gesellschaft; sie geht sicherlich nicht auf in der Interpretation der Texte, noch auch nur in der Bildung der Rechtsbegriffe aus dem gegebenen Rechte; ihre höchste Aufgabe ist, die richtige, d. h. jeder Zeit und jeder Kulturlage entsprechende rechtliche Gestaltung des menschlichen Gemeinlebens zu finden und möglichst sicher festzustellen." Bei dieser Feststellung hat, wie schon früher hervorgehoben, die Jurisprudenz sich vielfach der Philosophie als höchster Wahrheitsforschung zu bedienen. Kein Jurist, der sein Walten vor der Vernunft verantworten will, kann auf philosophische Studien verzichten. Die Philosophie vermag erst die Grundlagen zu geben für die Erhebung rechtlicher Betrachtungen zu absoluter Wahrheit. Und erst das Bewußtsein der Wahrheit verschafft dem Juristen einen sicheren Boden bei der Auffindung und Handhabung des Rechts. — Mit Recht hat Paulsen („Die deutschen Universitäten und das Universitätsstudium", S. 537) darüber geklagt, daß „Mediziner und Juristen in ihrer Mehrzahl ohne alle philosophische Bildung bleiben und es ihnen deshalb in Sachen der letzten allgemeinen Fragen an festen Grundsätzen und Grundanschauungen fehlt" [1]).

[1]) Mit Recht sagt auch Lehmann a. a. O. S. 31: „Unser Unterricht muß von wissenschaftlichem Geiste erfüllt bleiben, er darf nicht zu einer bloßen Vorbereitung für die Anwendung des bestehenden Rechts in der Praxis herabsinken, wenn wir nicht Knechte des Gesetzes ausbilden wollen, sondern Meister des Rechts, die mit freiem Blick das Recht ausüben und schaffen zum Wohle des Volkes, zum Heile des Vaterlands".

Von den Problemen der Philosophie bedarf hier eines wegen seiner großen Bedeutung für die Jurisprudenz besonderer Hervorhebung, nämlich das der Willensfreiheit, zu dem auch von juristischer Seite schon mancher wertvolle Beitrag geliefert worden ist (vgl. z. B. Kuhlenbecks Ausführungen über den Freiheitsbegriff „Im Hochland der Gedankenwelt" (04), S. 108, ferner Kuhlenbeck, „Der Schuldbegriff als Einheit von Wille und Vorstellung", S. 78 ff., sowie Kohler. „Moderne Rechtsprobleme", S. 19 ff.). Die Wichtigkeit der Willensfreiheit für die Rechtswissenschaft kennzeichnet v. Wächter (Beilagen zu den Vorlesungen über das Deutsche Strafrecht, Bd. I, S. 46 ff.) mit den Worten: „Sollte einmal die positivistische oder materialistische Leugnung der Willensfreiheit, dieses Postulats der praktischen Vernunft, den unbestrittenen Sieg bei der denkenden Welt erringen, so würde das eine vollständige Revolution auf allen Gebieten des Rechts, wenn auch vorzugsweise auf dem des Strafrechts, zur Folge haben müssen; denn die jetzige Strafbarkeits- und Haftbarkeitstheorie beruht allerdings nicht auf der Annahme einer durch Motive notwendig bestimmten, sondern einer mit Wahlfreiheit zwischen mehreren Motiven sich selbst bestimmenden Willenskausalität". „Indem wir den Menschen in seinen rechtlichen Beziehungen betrachten, heben wir dies an ihm hervor, daß ihm die Möglichkeit eines Willens zukommt" (Puchta, Pandekten § 22).

Gerade die Willensfreiheit wird heute mehr denn je geleugnet. Es heißt, das alte Problem sei jetzt endgültig gelöst, der Mensch sei als ein Stück eines Weltmechanismus völlig erwiesen, „nur eine ungenaue Denkart könne in dessen Getriebe Lücken finden, durch welche die Freiheit einschleichen könne". „Die Sache der Freiheit erscheint, namentlich deshalb als verzweifelt und verloren, weil man sich in wissenschaftlicher Arbeit ein Weltbild, ein Schema der Wirklichkeit entworfen hat, worin die Freiheit nicht paßt; namentlich ist es die mechanisch-kausale Fassung der Natur, welche auf das menschliche Leben und das Innere der Seele übertragen wird; daß sie für Freiheit und Selbsttätigkeit keinen Raum gewährt, das kann allerdings nicht zweifelhaft sein. Aber ob jene Übertragung mit Recht erfolgt, das läßt sich gar wohl bezweifeln. —

Zu einem Sinn des Lebens gehört notwendig der Besitz der Freiheit und eine Verwandlung der bloßen Tätigkeit in Selbsttätigkeit, das Vordringen zu einem Selbstleben" (Eucken, „Der Sinn und Wert des Lebens", S. 108, 109). — Die dem Menschen von Natur aus innewohnende Überzeugung vom Vorhandensein der Willensfreiheit hat auch Schiller (Don Carlos III, 10) zu den Worten begeistert:

„Der Freiheit
Entzückende Erscheinung nicht zu stören —
Läßt Er (Gott) des Übels grauenvolles Heer
In seinem Weltall lieber toben, — Ihn,
Den Künstler, wird man nicht gewahr, bescheiden
Verhüllt er sich in ewige Gesetze;
Die sieht der Freigeist, doch nicht ihn. Wozu
Ein Gott? sagt er! Die Welt ist sich genug.
Und keines Christen Andacht hat ihn mehr
Als dieses Freigeist Lästerung gepriesen!" [1])

Ein anderer Dichter, Dante, sagt in Purg. XVIII, 67 ff. (in Kohlers Übersetzung und Umschreibung):

„Doch Menschengeist vermag die Kraft zu binden,
Er kann die Triebe zähmen; ihre Lust
Kann ernster Wille siegreich überwinden.
Wenn die Begierden keimen in der Brust,
Kann er verschließen seines Busens Pforte:
Die Tat wirkt frei und ihrer selbst bewußt."

---

[1]) Vgl. auch die Worte Wallensteins in „Wallensteins Tod", I. Akt. 4. Szene: „Wärs möglich, könnt ich nicht mehr, wie ich wollte . . ." usw. — Von einigen modernen Kriminalpsychologen wird Schiller — besonders auf Grund seiner Darlegungen in der Abhandlung „Über den Zusammenhang der tierischen Natur des Menschen mit seiner geistigen" und in seiner Erzählung: „Der Verbrecher aus verlorener Ehre" als überzeugter Determinist angeführt. Jedoch durchaus zu Unrecht. Gerade Schiller hat sich wie kaum ein anderer Dichter trotz aller ihm entgegentretenden Schwierigkeiten zur vollen Erkenntnis und zum uneingeschränkten Bekenntnis der Willensfreiheit des Menschen durchgerungen, sodaß Goethe, der einer deterministischen Anschauung huldigte, in Hervorhebung des Unterschieds zwischen ihm und Schiller bekanntlich sagen konnte: „Er (Schiller) predigte das Evangelium der Freiheit, ich wollte die Rechte der Natur nicht verkürzt wissen".

Hier ist das Freiheitsbewußtsein als hauptsächlichster Beweis für die Willensfreiheit hervorgehoben. Und fürwahr, daß der Mensch, die erforderliche Erkenntnis vorausgesetzt, einen freien Willen besitzt, es in seiner Gewalt hat zu wollen oder auch nicht zu wollen, in dieser oder einer anderen Weise zu handeln, zwischen zwei Möglichkeiten zu wählen, bezeugt uns unser Bewußtsein ganz deutlich und zweifelsfrei. Von einer Illusion, um die es sich hier nach Ansicht vieler Deterministen handelt, kann keine Rede sein. Unser Freiheitsgefühl wird durch scharfe Reflexion und Selbstbeobachtung felsenfest gestützt. Der Wille wird durch die auf ihn einwirkenden Motive angeregt, aber nicht genötigt. Keine Wissenschaft ist imstande, diesen Satz umzustoßen. Mit Recht sagt ein moderner Naturforscher (Professor Dr. Adolf Mayer:) „Es steht mit dem freien Willen wie mit dem Gottesglauben und demjenigen an die geistige Fortdauer des Menschen. Kein wissenschaftlicher Grund steht diesem Glauben entgegen. Auf der Annahme des freien Willens beruht aber das Zumessen einer Verantwortlichkeit.“ In den Motiven zu dem Entwurf eines Strafgesetzbuchs für den Norddeutschen Bund heißt es deshalb auch: „Das Recht des Staates, gegen den Verbrecher nicht bloß Sicherungsmaßregeln zu ergreifen sondern ihn zu strafen, beruht auf dem allgemeinen menschlichen Urteil, daß der gereifte und geistig gesunde Mensch ausreichende Willenskraft habe, um die Antriebe zu strafbaren Handlungen niederzuhalten und dem allgemeinen Rechtsbewußtsein gemäß zu handeln.“ Auf dieser mit dem allgemeinen Volksbewußtsein im Einklang stehenden Anschauung fußen der § 51 des Strafgesetzbuchs und die §§ 104 und 827 des Bürgerlichen Gesetzbuchs. Der Entwurf des neuen Strafgesetzbuchs steht auf gleichem Boden, den keine sogenannte Wissenschaft zu unterwühlen vermag. Eduard v. Hartmann erklärt zwar („Phänomenologie des sittlichen Bewußtseins“ S. 382, 391), daß „die Verteidigung des liberum arbitrium im gewöhnlichen Sinne im 19. Jahrhundert nur den philosophischen Sternen von siebenter Größe abwärts überlassen geblieben“ sei, und schreibt weiter: „Wir dürfen mit gutem Gewissen, nachdem wir das Wild (die Willensfreiheit) durch sein ganzes Revier gehetzt und aus seinen verstecktesten

Schlupfwinkeln vertrieben haben, Hallali blasen und den Begriff einer indeterministischen Willensfreiheit für tot erklären, ohne daß ihm irgend eine Hoffnung bliebe, durch neue sophistische Künste nochmals zu einem Scheinleben erweckt zu werden". Betrachtet man sich aber die tiefsinnigsten Deterministen näher, so kann man konstatieren, „daß sie sämtlich von ihrem Gewissen gezwungen die indeterministische Freiheit, welche sie vorn aus der empirischen Tür hinausbefördern, durch eine sog. transzendentale Hintertür wieder in ihr System hineinzuziehen versuchen. Zu diesen tiefsinnigsten Heroen der Philosophie zählen Kant, Schelling, Schopenhauer und last not least Herr Ed. v. Hartmann selbst" (vgl. Kuhlenbeck, „Der Schuldbegriff 2c." S. 96)[1]. Der konsequente Determinismus muß ja insbesondere auch zur Beseitigung des Strafrechts und zu einem Ersatz für dieses in Form einer alles Unrecht rein pathologisch und sozialpolitisch behandelnden Gesellschaftseinrichtung führen. — Vielfach wird allerdings behauptet, daß der Streit über die Willensfreiheit für das Strafrecht ohne Bedeutung sei[2].

[1] Es ist auch sehr auffallend, daß von so vielen Deterministen der Schwerpunkt in der Erziehungslehre auf die selbständige Charakterbildung des Menschen, seine Selbsterziehung, gelegt wird. Die herbeizuführende Einsicht in das Gute und Edle soll ihren determinierenden Einfluß ausüben, der dann durch „gute Vorsätze" und durch „Übung" vermehrt werden könne (vgl. die Abhandlung von Reichsgerichtsrat Petersen: „Kausalität, Determinismus und Fatalismus" S. 165 f.). Petersen, der den reinen Determinismus aufs äußerste verteidigt, ruft daselbst — ebenso wie am Schlusse seines Buches „Willensfreiheit, Moral und Strafrecht" — aus: „Suche frei zu werden und Deine Freiheit zu erhalten, damit Du stets pflichtmäßig handeln kannst!" Er setzt dabei ausdrücklich einen „Kampf mit schädlichen Antrieben und Versuchungen" voraus. Mit einem reinen Determinismus ist aber eine solche Stellungnahme schlecht vereinbar; sie kann durch keinerlei dialektische Künsteleien gerechtfertigt werden. Soll der Mensch frei zu werden suchen, so muß er auch die feste Überzeugung besitzen dürfen, daß er — solange er geistig gesund ist — noch so harten Versuchungen mit festem Willen widerstehen kann. Denn was nützen gute Vorsätze und welch klägliche Rolle spielen sie, wenn sie im Drange sog. unüberwindlicher Leidenschaft sicherer Voraussicht nach nutzlos sind!

[2] So z. B. v. Basedow, „Die strafrechtliche Verschuldung ein

v. Liszt, Liepmann („Einleitung in das Strafrecht" S. 90 ff.) und viele andere nehmen vor allem dagegen Stellung, daß das Problem der Willensfreiheit mit der strafrechtlichen Zurechnungsfähigkeit in Zusammenhang gebracht wird. „Zurechnungsfähig", sagt v. Liszt in seinem Lehrbuch des deutschen Strafrechts, „ist jeder geistig gesunde, mithin bestimmbare Mensch bei ungetrübtem Bewußtsein" [1]). Liepmann ferner erklärt a. a. O. S. 105: „Unzurechnungsfähigkeit liegt vor, wenn infolge mangelnder Entwickelungsreife oder krankhafter Störung der Geistestätigkeit der seelische Gesamtzustand des Täters wesentlich abweicht von dem abstrakten Durchschnittsverhalten der Angehörigen einer jeweiligen Kultur". Wodurch charakterisiert sich aber das abstrakte Durchschnittsverhalten der Angehörigen einer jeweiligen Kultur? Wann haben wir es mit einem Menschen zu tun, der durch die Vorstellung von Recht und Unrecht in seinem Tun und Lassen normal motiviert wird? Die Beantwortung dieser Fragen im deterministischen Sinne erheischt doch die uneingeschränkte Annahme, daß die menschliche Natur den Einwirkungen der Außenwelt „mit derselben unabänderlichen Gleichförmigkeit gehorche, welcher wir die einer voluntas rationalis ermangelnden Kräfte der äußeren Natnr, insbesondere der unorganischen und niederen organischen selber Folge leisten sehen, und nicht nur gehorche sondern gehorchen müsse". (Kuhlenbeck a. a. O. S. 123.) v. Liszt schreibt deshalb auch („Mitteilungen der internationalen kriminalistischen Vereinigung" IV, 135): „Der Verbrecher, der vor uns steht als Angeklagter oder Verurteilter, ist für uns Menschen unbedingt und uneingeschränkt unfrei, sein Verbrechen die notwendige, unvermeidliche Wirkung der gegebenen Bedingungen". Wenn man aber auf diesem

---

Willensvorgang mit dem Bewußtsein einer Normwidrigkeit des Handlungserfolges" — Erlanger Diss. 1898 —, ferner Löffler, „Die Schuldformen des Strafrechts" — 1895 —.

[1]) Hierzu sagt v. Liszt in einer Anmerkung: „Je nachdem das Schwergewicht auf die abstrakte Motivierbarkeit durch die Strafdrohung (Generalprävention) oder auf die konkrete Motivierbarkeit durch den Strafvollzug (Spezialprävention) gelegt wird, führt dieselbe Fassung zu verschiedenen Ergebnissen. Hier handelt es sich um ein wichtiges, zur Zeit noch nicht gelöstes Problem".

Standpunkt steht, dann muß man doch, wie v. Wächter im oben angeführten Zitat bereits hervorgehoben, das Strafrecht ganz anders aufbauen und praktisch handhaben als wenn man eine Freiheit des Willens annimmt. Mögen im übrigen v. Liszt und seine Anhänger von der Richtigkeit ihrer Ansicht auch überzeugt sein, beweisen können sie dieselbe nach dem bereits oben Dargelegten nimmermehr. Und wie kann man die Bestrafung eines Menschen überhaupt vor seinem Gewissen verantworten, wenn das Verbrechen das unvermeidliche Produkt aus der Eigenart des Verbrechers und der ihn umgebenden gesellschaftlichen Verhältnisse ist? — Der Jurist, der seine Wissenschaft vor der Vernunft rechtfertigen will, kann die Frage nach der Willensfreiheit nicht von sich abwehren. Diese Frage ist aber eine tief metaphysische; beim Streite um ihre Beantwortung stoßen Weltanschauungen aufeinander. — Es kann auf die Willensfreiheit hier nicht noch weiter eingegangen werden [1]). Es sollte an ihr nur gezeigt werden, wie innig die Jurisprudenz mit der Philosophie verknüpft ist. Wer die Grundlagen der Jurisprudenz erfassen, die Jurisprudenz in ihrem ganzen Wesen verstehen will, muß sich auch mit der Philosophie beschäftigen. Unterläßt er dies, so kann er sich nicht wundern, wenn ihm oftmals eine ziemlich handwerksmäßige Beschäftigung nachgesagt wird. Man wird hiernach begreifen, wie recht der damalige Sektionschef im österreichischen Justizministerium Exz. Dr. Klein in Wien hatte, der gelegentlich einer Ansprache beim Festessen des Deutschen Juristentag im September 1902 sagte: „Wenn ich der Rechtswissenschaft ein Motto wählen müßte, wäre es die Inschrift auf dem silbernen der drei Kästchen, die den Freiern der Porzia vorgelegt werden („Wer mich erwählt, bekommt so viel als er verdient"). In der Tat, die Rechtswissen-

---

[1]) Verwiesen wird hier noch besonders auf Ruhland, „Die Willensfreiheit und ihre Gegner", Leipzig 1905 (Duncker & Humblot); Gutberlet, „Die Willensfreiheit und ihre Gegner", Fulda 1907; Cathrein, „Die Grundbegriffe des Strafrechts", Freiburg (Herder) 1905; Faßbender, „Wollen eine königliche Kunst", Freiburg (Herder) 1616; Kitz (Landgerichtspräsident in Crefeld), „Volksüberzeugung, Willensfreiheit und Strafrechtsreform".

schaft ist ein rechter Spiegel dessen, der sie pflegt; für den Tiefen unerschöpflich an Wahrheit und Erkenntnis, für den Seichten seicht und schal".

Mit der Hervorhebung der Wissenschaftlichkeit der Jurisprudenz darf nun aber keinesfalls irgendwie Mißbrauch getrieben werden. Sie darf nie etwa dazu dienen, der Jurisprudenz nur ein eitles Ansehen zu geben. „Wissenschaft ist etwas sehr Schönes dort, wo sie hingehört. Und Wissenschaft ist etwas Herrliches, wenn sie der Menschheit nützliches Wissen schafft. Aber wenn um angeblicher Wissenschaft willen den Bedürfnissen des praktischen Lebens zuwidergehandelt werden soll, dann muß man sich gegen diese Betätigung der Wissenschaft verwahren [1])." „Es ist schön", sagt einmal Windscheid [2]), „sich im Äther reiner Erkenntnis zu wiegen; es ist schöner, für das Wohl der Menschheit zu arbeiten"! Etwa nur das sog. rationale Recht zu betrachten und zu behandeln, ganz in demgemäßer abstrakter Rechtswissenschaft aufzugehen, ist zweifellos ein großer Fehler; Befriedigung kann nur in eifrigster Mitbehandlung des völkerschaftlichen, des nationalen positiven Rechts mit seinen ihm zugrundeliegenden mannigfachen volkswirtschaftichen Erwägungen gefunden werden. Dies positive Recht steht für den praktischen Juristen, den Richter, obenan. Bei dessen Anwendung muß er sich andererseits aber wiederum auch davor hüten, rechtliche Erwägungen abstrakter Art, insbesondere ein Operieren mit aus dem Gesetze gewonnenen Definitionen, stets ohne weiteres als überlebte Begriffsjurisprudenz [3]) zurückzuweisen, um sich nur in sog. Interessenjurisprudenz oder in der Suche nach dem soziologisch Richtigen zu gefallen, wobei man schließlich infolge der ganz verschiedenartigen Interessenbewertung zur reinen Gefühlsjurisprudenz gelangt, der es an einem festen Maßstab für die Richtigkeit des Urteilsspruchs mangelt. Soziale Erwägungen dürfen bei der Urteilsfindung, der Gesetzesauslegung

---

[1]) So mit Recht Burkhardt a. a. O. S. 48.

[2]) „Die Aufgaben der Rechtswissenschaft", Rektoratsrede, Leipzig 1884, S. 9.

[3]) Über diese vgl. auch Brütt a. a. O. § 5, „Die Begriffsjurisprudenz", S. 73 ff.

und Rechtsanwendung, keineswegs ausgeschaltet sein. Solche Erwägungen sind im Gegenteile schon aus dem einfachen Grunde in größtem Maße erforderlich, weil der Gesetzgeber selbst sich bei Erlaß des Gesetzes vielfach von sozialen Erwägungen hat leiten lassen. Die Rechtsordnung selbst ist ja eine Ordnung sozialer Verhältnisse. Wenn deshalb aber Stampe und andere die Gesetzesauslegung und Rechtsfindung durch sog. Konstruktion niemals für angängig erklären, so enthält dies eine zu geringe Bewertung unserer Begriffe und zwar sowohl der allgemeinen Begriffe als auch der besonderen Rechtsbegriffe, die sich aus den Worten des Gesetzes ergeben, überhaupt eine mangelhafte Berücksichtigung der Art und Weise unserer Denktätigkeit. Unser ganzes Denken spielt sich doch im Operieren mit Begriffen ab. Die aus der Erfahrung mit Hilfe des abstrahierenden Verstandes gewonnenen allgemeinen Grundbegriffe sind die Elemente unserer geistigen Tätigkeit. Auf ihnen fußend bilden wir weitere Begriffe und Urteile, auch bezüglich rechtlicher Dinge, die, wenn sie nur eindeutig sind und auf evidenter Grundlage beruhen, Allgemeingültigkeit beanspruchen können und eine sichere Basis für weitere Denkoperationen abgeben. Neben den genannten Begriffen bilden dann der Gesetzgeber oder die Rechtswissenschaft allerdings auch solche Begriffe, die nicht eindeutig und allgemeingültig, sondern mehr aus zufälligem Systematisierungsbedürfnis heraus entstanden, mehr technische Hülfsmittel (vgl. Rudolf Sohm in der Deutschen Juristenzeitung 1909 $_{1019}$) sind und an sich eine verschiedene Bedeutung haben können. Beide Arten von Begriffen (beziehungsweise Definitionen, Urteilen) liegen den Gesetzesbestimmungen zugrunde oder sollen sich aus den ihrem Sinne nach nicht immer zweifelsfreien Worten des Gesetzes ergeben. Mit diesen verschiedenen Begriffen müssen wir bei der Gesetzesanwendung operieren. Zuvor sind aber zumal die nicht eindeutigen Begriffe und damit überhaupt der Wille des Gesetzes, um folgenschwere Irrtümer zu vermeiden, aus dem gesamten Inhalte des Gesetzes unter richtiger Berücksichtigung des Sprachgebrauchs — des allgemeinen wie des juristischen —, sowie unter Beachtung der bei Erlaß des Gesetzes herrschenden, den Erlaß des Gesetzes veranlassenden Anschauungen und Bestrebungen möglichst scharf festzustellen. Leicht ist diese Aufgabe keineswegs. Der Gesetzgeber ist bekanntlich ein vielköpfiges Wesen. Die verschiedenen gesetzgebenden Faktoren verbinden nicht selten mit denselben mehrdeutigen Worten verschiedene Ansichten. Die vor Einbringung der Gesetzesvorlage ausgearbeiteten „Motive" des Gesetzes sowie sonstige Gesetzesmaterialien decken sich keineswegs immer mit den Ansichten, die schließlich zur Annahme des Gesetzes geführt haben. Die vielfach vertretene sog. historische Auslegung macht es sich in zu einseitiger Weise zur Aufgabe, die Gedanken des „Gesetzgebers", die in den Worten des Gesetzes zum Ausdruck gelangen sollten, auf Grund der verschiedenen menschlichen Vorstellungen, die nachweisbar zur Annahme des Gesetzes geführt haben, festzustellen. Sie geht, entscheidendes Gewicht auf den Willen des sog. Gesetzgebers legend, teilweise so weit, daß sie auf Grund der aus den Gesetzesmaterialien geschöpften Festlegung der bei der Entstehung des Gesetzes zum Ausdruck gebrachten Vorstellungen in Verbindung mit einer Betrachtung der für das Zustandekommen des Gesetzes kausalen Interessen (sog. historisch-teleologische Auslegung) unter Umständen sogar eine Berichtigung des Gesetzes durch den Richter zugunsten der Gesetzeszwecke gegen den Wortlaut des Gesetzes zuläßt [1]). Ihr steht die sog. objektive Deutung des Gesetzes scharf gegenüber, die den objektiven Sinn des Gesetzes nur an der Hand seines sprachlichen Ausdrucks, den seinen Worten immanenten Sinn (den sog. Willen des Gesetzes im Gegensatze zum Willen des Gesetzgebers) zu erforschen sucht. Es ist im Einzelfalle oftmals schwer, das Richtige zu treffen. Angenommen werden muß bei vorhandener Möglichkeit verschiedener Auslegungen diejenige, die echtem, richtigem Rechte am meisten entspricht (vgl. auch Brütt a. a. O. S. 146 ff.). Jedenfalls muß aber daran festgehalten werden, daß dann, wenn der Wille des Gesetzgebers nach den Gesetzesmaterialien auch ein anderer ist als der aus den klaren

---

[1]) Vgl. insbesondere Heck, „Gesetzesauslegung und Interessenjurisprudenz" — Sonderabdruck aus dem Archiv für zivil. Praxis, erschienen bei J. C. B. Mohr in Tübingen (1914) —, sowie die dort angeführte Literatur, ferner Walter Jellinek, „Gesetz, Gesetzesanwendung und Zweckmäßigkeitserwägungen" (Tübingen 1913).

Worten des Gesetzes hervorleuchtende, mit Rücksicht auf die Unkontrollierbarkeit der schließlich zur Annahme des Gesetzes führenden, oftmals ganz verschiedenartigen Majoritätserwägungen und im Interesse einer sicheren Rechtsprechung nie gegen den nur eindeutigen Wortlaut des Gesetzes verstoßen werden darf, es sei denn allenfalls, daß ein Irrtum beim Zustandekommen des Wortlauts des Gesetzes in einer jeden Zweifel ausschließenden Weise nachweisbar ist, was auch nur dann möglich ist, wenn die Auslegung nach dem Wortlaute bereits anderweit festgelegtem geltendem Rechte widerstreitet. — Mit den dargelegten Ansichten stimmt übrigens die Judikatur des Reichsgerichts im wesentlichen überein. In Band 51 der Entscheidungen des Reichsgerichts in Zivilsachen (S. 3) hat der höchste Gerichtshof ausgeführt, daß „den Materialien zur Zivilprozeßordnung eine selbständige formale Bedeutung für die Feststellung des Sinnes und der Tragweite des Gesetzes nicht beigelegt werden darf, daß vielmehr der durch die Gesetzesworte selbst getragene Wille des Gesetzgebers als geltendes Recht anzuerkennen ist“ [1]). Daß gegen diesen Willen nicht entschieden werden darf, selbst wenn bei folgerichtiger Anwendung des Gesetzes das Ergebnis einmal mit Recht zu bemängeln ist, hat das Reichsgericht ganz entschieden wiederholt ausgeführt (vgl. auch E.R.G. Bd. 92 S. 367). Als notwendige Folge einmal bestehender gesetzlicher Regelung muß ein solcher Fall hingenommen werden; „für den Rechtsverkehr sind solche Fälle, weil selten vorkommend, ohnehin von geringer Bedeutung“ (E. R. G. Bd. 47, S. 259). Ein ganz vollkommenes positives Recht werden wir nie erreichen, das sicherste Mittel gegen richterliche Willkür ist aber die feste Bindung an das Gesetz. Aus diesem Grunde müssen alle die Strömungen, die dem Richter die Befugnis zur Entscheidung contra legem aus sozialen Erwägungen heraus geben wollen, wie schon gesagt, abgelehnt werden. Sehr zutreffend sagt Vierhaus [2]): „Die Gefahr des unbewußten Un-

[1]) In E. R. G. Bd. I, S. 51 ff. legt andererseits das Reichsgericht dar, daß eine „Abweichung von dem Wortsinne in Frage komme, wenn der Nachweis erbracht werde, daß der ermittelte Rechtssatz zu Ergebnissen führe, die der Gesetzgeber nicht gewollt haben könne“.

[2]) „Über die Methode der Rechtsprechung“, S. 77.

rechts durch eine „freie“ Entscheidung ist viel größer als die einer vielleicht einmal formalistisch ausfallenden unbilligen Entscheidung“ [1]). Die sogenannte Freirechtsschule will eine rein soziologische Auffassung und Behandlung der einzelnen Rechtsfälle, weil die sich an das Gesetz haltende konstruktive Jurisprudenz — die Begriffsjurisprudenz, welche die Begriffe und die logischen Ableitungen aus diesen als wirklich vorhandenes Recht behandle — gemeinschädlich sei [2]). Nun ist ja nicht zu verkennen, daß eine gewisse Gefahr für das Recht immer dann besteht, wenn auf Grund der aus dem Gesetze festgestellten Begriffe weitere logische Ableitungen aus diesen Begriffen vorgenommen werden. Die Folgerungen müssen nämlich dann dem objektiven Rechte widerstreiten, wenn es sich bei den zugrunde gelegten Begriffen nicht um allgemein-gültige Begriffe, sondern um vom Gesetze aus Zweckmäßigkeitsgründen geprägte oder aus den Gesetzesworten entnommene mehrdeutige Begriffe handelt und diese in falschem Sinne aufgefaßt werden. Dieser sich aus der Natur der Sache, der Unvollkommenheit jeglicher menschlicher Ausdrucksweise ergebende Umstand darf aber nicht dazu führen, das gedachte logisch richtige Verfahren zu mißbilligen. Es muß vielmehr eine Hauptaufgabe der Rechtswissenschaft bleiben, die Rechtsbegriffe richtig zu präzisieren, das zuverlässige Rüstzeug für die Rechtsanwendung zu schaffen. Bei dieser Präzision sind die verschiedenartigsten sozialen Erwägungen anzustellen, die jedoch das klare Gesetz niemals umzustoßen vermögen. „Die konstruktive Jurisprudenz, richtig verstanden und ausgeübt, ist nicht gemeinschädlich, sondern das feste Bollwerk gegen jede — wenn auch gutgemeinte — Willkür“ (Vierhaus a. a. O. S. 77).

[1]) Wo im übrigen eine formalistische Entscheidung sich als zweifellos unvernünftig herausstellen sollte, wird man auch fast stets ohne weiteres annehmen müssen, daß sie nicht vom Gesetz gewollt ist, der Richter also anders zu entscheiden hat. Vgl. dazu auch Friters, „Revolutionsgewalt und Notstandsrecht“ (Berlin 1919 Seite 150 ff.). — Auch für das von Friters wiederholt herangezogene englische Recht gilt die Bindung des Richters an das Gesetz (vgl. Koellreutter, „Staat und Richterrecht in England und Deutschland“ in der Zeitschrift „Der Rechtsgang“ — 1916 — Bd. II Heft 3/4 Seite 242).

[2]) Vgl. Ernst Fuchs, „Die Gemeinschädlichkeit der konstruktiven Jurisprudenz“, Karlsruhe 1909, sowie dessen Schrift „Juristischer Kulturkampf“.

„Mit der ganzen Furcht vor den Begriffen hat es", wie Vierhaus S. 69 gegen Bozi wie überhaupt gegen die naturwissenschaftliche Methode treffend darlegt, „gute Wege. Richtig gebildete Begriffe sind ja induktiv durch Hervorhebung des Gemeinschaftlichen, Streichung des Nebensächlichen gewonnen. Sind sie so gebildet, so ist die Ableitung aus ihnen ungefährlich, ein rein technisches Hilfsmittel." Dieses Hilfsmittel kann aber der Jurist nicht entbehren. Denn es befähigt ihn, einen Tatbestand schnell und sicher auf seinen juristisch wesentlichen Kern zu erfassen. Der Tatbestand liefert ihm von selbst gewisse Begriffe, denen er dann infolge seiner vielfach als „logisch formal" bezeichneten Verstandesschulung alsbald die Merkmale der aus dem Gesetze beziehungsweise der Rechtswissenschaft gewonnenen einschlägigen Begriffe vergleichend gegenüberstellen kann, um weiter zutreffendenfalls die Folgen aus den rechtlichen Begriffen beziehungsweise die gesetzlichen Bestimmungen auf den betreffenden Tatbestand anzuwenden. Eine zur Weltfremdheit führende Abstraktion entsteht hieraus durchaus nicht. „Nimmt der tüchtige Richter die Tatsachen des Einzelfalles hörend, fragend, forschend in sich auf, so funktionieren bei ihm Lebenserfahrung, formale Verstandesbildung und juristisches Wissen in unlösbarer Einheit" [1]). Ein ganz abstraktes Rechnen mit unkontrollierten Begriffen findet keineswegs statt. Der Ausspruch von Leibniz, daß in der Jurisprudenz die Begriffe eine Rolle zu spielen haben wie die Zahlen in der Mathematik, ist in dieser Schärfe und Allgemeinheit unrichtig. Soweit es sich nicht um allgemeingültige, ganz klare und bei scharfem Denken sozusagen selbstverständliche Begriffe handelt, ist vielmehr der anzuwendende Begriff in jedem Falle erst auf seine Richtigkeit unter Berücksichtigung aller Momente des konkreten Einzelfalles nachzuprüfen. Das hat aber auch die richtig verstandene sog. Begriffsjurisprudenz stets getan; es ist diese Nachprüfung keineswegs das Ergebnis der von Bozi so angepriesenen naturwissenschaftlichen Methode der Rechtsprechung [2]), sie ergibt sich vielmehr aus der allgemeinwissenschaft-

[1]) Zacharias a. a. O. S. 42.

[2]) Vgl. besonders auch Bozis Vortrag in der Juristischen Gesellschaft in Wien, mitgeteilt in den Annalen der Naturphilosophie 9, 267.

lichen logischen Durchdenkung der Entstehung der Begriffe überhaupt. So hat denn auch schon Jhering in seinem satirischen Märchen über den juristischen Begriffshimmel die rein logische Methode, die durch einfache Abstraktion aus Rechtsbegriffen beliebig viel neue Rechtssätze schaffen zu können glaubt, mit beißendem Spott verfolgt, andererseits aber wiederum die große Bedeutung der richtig gebildeten und kontrollierten Begriffe, bei denen das ihnen innewohnende teleologische Moment nicht verkannt wird, stets anerkannt. Die Behauptung, daß erst die naturwissenschaftliche Methode eine richtige Bewertung der Begriffe herbeigeführt habe, muß entschieden zurückgewiesen werden. Nachdrücklich abgelehnt werden muß ferner die Ansicht Bozis in seiner „Weltanschauung der Jurisprudenz“, daß die Gesetze nichts anderes darzustellen haben als die Erklärungen des Gesetzgebers über den Rechtsinhalt je für einen bestimmten Zeitpunkt, daß sie nur als feste Punkte aufzufassen seien, nach denen die Bahn des sich weiter entwickelnden Rechtes zu berechnen sei. Diese Ansicht, die zur Aufgabe jeglicher unveränderlicher Rechtsbegriffe führt, ist nur vom Standpunkte des extremsten Relativismus aus zu verstehen, der davon ausgeht, daß im Laufe der Kultur stets eine Wahrheit durch die andere ersetzt wird. Von diesem Standpunkte aus bedürfen wir nach Bozi überhaupt keines „unveränderlichen und von außen auferlegten Gesetzes, sondern nur eines Gesetzes, welches den Rechtsweg in Gang zu halten vermag.“ „Der Rechtsgedanke verlangt zwar“, sagt Bozi, „daß das Gesetz der Einzelerscheinung überlegen bleibt, aber er duldet es, daß dieses Gesetz seinen Augenblickssieg mit seiner Selbstauflösung bezahle.“ Da eben angeblich alles ausnahmslos in ständiger Entwickelung begriffen ist, soll sich auch der Gesetzgeber nicht auf bestimmte Anschauungen festlegen können. Für die Auslegung soll deshalb zu berücksichtigen sein, „wie das Volk und die zunächst interessierten Volkskreise das Gesetz verstanden wissen wollen“ [1]). Es wird auf diese Weise aber der ursprüngliche Sinn des Gesetzes fortlaufend umgedeutet und bei der Verschiedenheit der oft schwer feststellbaren herrschenden Anschauungen eine sehr große Rechtsunsicherheit

---

[1]) Vgl. Bozi, „Die Konsequenzen moderner Gesetzesauslegung für den Begriff des Gesetzes“, D. J.-Z. 1915, S. 602 ff.

herbeigeführt. Der gesamten Bozi'schen Anschauung wird im übrigen jeder Boden entzogen, wenn man sich klar macht, daß es eine absolute Wahrheit, daß es allgemeingültige Rechtsbegriffe und Rechtsgrundsätze gibt. Denn dann leuchtet es ohne weiteres ein, daß ein vernünftiges Gesetz, soweit es sich auf allgemeine Rechtsgrundlagen stützt, seine Existenzberechtigung nicht mit der Zeit ohne weiteres von selbst verlieren kann. An den allgemeingültigen Rechtsprinzipien läßt sich nicht rütteln. Soweit es sich aber um den jeweiligen sozialen Verhältnissen angepaßte Einzelbestimmungen handelt, können diese nur im Wege gesetzlicher Aufhebung verschwinden. Solange ein Gesetz noch nicht besteht, kann man seinen künftigen Inhalt aus den mannigfachsten Erwägungen heraus so oder anders gestaltet wünschen. Ist aber einmal ein Gesetz in Kraft getreten, so darf es keinem Zweifel mehr unterliegen, daß es nur eine bestimmte Rechtsauffassung zuläßt, mag diese auch einmal dem oft recht unbestimmten Rechtsempfinden oder dem soziologisch richtig Erscheinenden widerstreiten. Treffend sagt Zacharias[1]: „Ich schätze das Rechtsempfinden als Leitstern zum Finden des richtigen Urteils überaus hoch und bemühe mich, bei jeder Entscheidung mein Rechtsempfinden zu konsultieren, aber die eigentliche Norm für die Entscheidung muß für den Richter des Staates immer der Wille des Staates abgeben, wie er im Gesetze niedergelegt ist." Sollte dieser Wille dem klaren Rechtsempfinden beziehungsweise dem sozial Richtigen widerstreiten, so ist eben auf Abhilfe im Wege der Gesetzgebung hinzuwirken, die im modernen Staate doch wohl rechtzeitig einsetzen dürfte. Soweit solche Abhilfe das Ziel der jüngst unter dem Vorsitze Bozis gegründeten „Deutschen Gesellschaft für soziales Recht" ist, die sich in einem Verbande mit gleichstrebigen Gesellschaften in Österreich und Ungarn befindet, ist nichts gegen diese Gründung einzuwenden, letztere sogar zu begrüßen. Denn nicht mit Unrecht wird gefordert, daß ein Recht geschaffen werde, das den ureigenen Bedürfnissen des deutschen Volkes in der modernen Zeit entspricht, insbesondere in Bezug auf das Arbeiterrecht (Koalitionsrecht, Tarif-

[1]) „Über Persönlichkeit, Aufgaben und Ausbildung des Richters" S. 72. Vgl. auch dessen Schrift „Gedanken eines Praktikers zur Frage des juristischen Modernismus".

vertragsrecht, Arbeitskammergesetz usw.). „Das Rechtsdenken muß", wie es in einem Aufrufe für die Beteiligung an der Neugründung heißt, „bewußtes Nachdenken über die beste Abhilfe der vorhandenen sozialen Schäden werden", der Blick muß sich über die juristischen Begriffe und gedanklichen Konstruktionen hinaus dem sozialen Geschehen selber mehr zuwenden. Wenn weiter aber gefordert wird, daß sich die Rechtswissenschaft aus einer dogmatischen Wissenschaft gänzlich zu einer Sozialwissenschaft entwickeln solle, so enthält dies wiederum eine Verkenuung des Wesens der Jurisprudenz, die, wenngleich sie die soziale Ordnung mit ihren wechselnden Lebenserscheinungen behandelt, doch an bestimmte, wissenschaftlich erfaßte, allgemeine Leitsätze gebunden ist, auf die sich in angemessenen Grenzen eine Dogmatik aufbauen muß, ohne welche eine volle Beherrschung und die vom Gesetzgeber gewollte Weiterentwickelung seiner Grundgedanken nicht möglich ist. Die Sozialwissenschaft würde bei alleiniger Maßgeblichkeit für den Richter dahin führen müssen, daß nur das soziologische Element bestimmenden Einfluß auf die Rechtsprechung hat, daß das oftmals recht schwer und nur mit großer Irrtumsmöglichkeit zu erkennende soziologisch Richtige an die Stelle der Folgerung aus dem Gesetze tritt. Damit ist aber der Richter wieder frei vom Gesetz; Recht ist für ihn dann das, was ihm soziologisch richtig erscheint. Daß dies nicht annehmbar ist, ergibt sich aus den früheren Darlegungen. Der soziologisch entscheidende Richter wird in viel zu große Abhängigkeit von den Zwecken menschlicher Einrichtungen gelangen. Ihm gegenüber muß besonders auf die Sätze hingewiesen werden, die Vierhaus im Jahre 1910 in das Stammbuch der Berliner Juristenfakultät zum Universitätsjubiläum eingetragen hat: „Der Richter soll stets eingedenk sein, daß das Recht menschlichen Zwecken zu dienen bestimmt ist; er soll aber auch nie vergessen, daß sich das Recht nicht in bloßer Zweckmäßigkeit erschöpft". Dem Richter bleibt im übrigen, wie Bozi einmal anerkannt, „auch innerhalb einer unbedingten Unterwerfung unter das Gesetz für die Betätigung allgemeinwissenschaftlicher, sozialer und wirtschaftlicher Anschauungen der weiteste Spielraum". Der Richter muß überhaupt mit dem pulsierenden Leben und allen seinen Anschauungen in enger Verbindung bleiben. Das ist eine alte Erkenntnis, die schon von den Römern dadurch treffend wiedergegeben worden ist, daß sie von dem Richter neben der scientia justi atque injusti eine notitia omnium divinarum atque humanarum rerum verlangten. Unter notitia im Gegensatze zu scientia ist ja nicht eine erschöpfende Erkenntnis, eine wissenschaftliche Durchdringung und Beherrschung „aller menschlichen und göttlichen Dinge" zu verstehen (ein solches Verlangen wäre fürwahr ganz töricht); gemeint ist vielmehr nur eine allgemeine Kenntnis, die dem Juristen das erforderliche Verständnis für den Kern der an ihn herantretenden Fragen verschafft und ihn in den Stand setzt, zu beurteilen, an wen er sich um genauere Auskunft zu wenden hat [1]). Es ist nicht immer leicht, den geeigneten Sachverständigen zu finden. Der Jurist muß sich durch eine tüchtige Allgemeinbildung ein offenes Auge für alle Lebens- und Wissenschaftsfragen, insbesondere auch für solche der Technik, verschaffen, er muß sich zugleich des Zusammenhangs der Wissenschaften bewußt bleiben und den Satz beherzigen, daß, wer nur sein Fach versteht, auch dieses nicht versteht. Er hat sich aber — was mit Rücksicht auf die hochmoderne naturwissenschaftliche Methode der Rechtsanwendung nochmals betont werden mag — davor zu hüten, die jeweils herrschenden Anschauungen der z. Zt. so mächtig entfalteten Naturwissenschaft, die alles unter ihre Hypothesen zwingen möchte, als Richtlinien für sein Fach zu betrachten. Die herrschende Naturwissenschaft erkennt keine absoluten Wahrheiten an; es gibt aber, wie oben gezeigt, absolute Wahrheiten; sie sind von der echten Philosophie, der philosophia perennis, gründlich ausgearbeitet. Ihrer muß sich der Jurist annehmen, dann wird er auch zum rechten Verständnis der allgemeinen Rechtsprinzipien gelangen, auf die er seine Spezialwissenschaft unter Berücksichtigung der Ergebnisse der anderen Wissenschaften und in steter Fühlung mit den sozialen Erscheinungen des Lebens sicher und frei aufbauen kann. Nichts kann für die Rechtswissenschaft gefährlicher werden als der schwanke Boden naturwissenschaftlicher Hypothesen. Die gar nicht zu vermeidenden Mängel der Gesetzgebung und Rechtsprechung, die Bozi

[1]) Vgl. Kuhlenbeck, „Die Rechtswissenschaft in ihren Beziehungen zu anderen Wissenschaften", S. 35 f., sowie die dort zitierte Rektoratsrede von Stuart Mill.

in seiner „Weltanschauung der Jurisprudenz" in oft übertriebener Weise rügt, lassen sich durch die recht gezwungene Übertragung naturwissenschaftlicher Methoden auf die Behandlung der Rechtswissenschaft keineswegs beseitigen. Der Gesetzgeber kann ferner ohne die Aufstellung gewisser Typen von Personen oder Ansprüchen, gegen die sich Bozi wendet, oftmals gar nicht auskommen. Diese Typen sind im großen Ganzen im Leben tatsächlich vorhanden und zur Gewinnung der Übersichtlichkeit des Gesetzstoffes zu verwenden [1]). Dafür, daß keine unbillige schablonenmäßige Behandlung der Tatbestände daraus erwächst, werden die gesetzgebenden Faktoren, die doch wahrlich keine Kretins sind, auch ohne Eingreifen der naturwissenschaftlichen Methode mehr und mehr zu sorgen wissen. Hüten muß sich aber unsere Gesetzgebung vor „Prinzipienlosigkeit", die ihr schon von vielen Seiten in recht beachtlicher Weise vorgeworfen worden ist. Ernst Landsberg, der zweifellos einer der hervorragendsten und besten Kenner unserer Rechtswissenschaft ist, hat in einer Rede, die er im Sommer 1913 über den „Geist der Gesetzgebung in Deutschland und Preußen in den letzten 25 Jahren" gehalten hat, behauptet, von irgend welcher logischen Bindung und Unmöglichkeit wolle unsere heutige Gesetzgebung nichts mehr wissen. Utilitaristische Elemente sollen in die Rechtswissenschaft Eingang gefunden haben; ein gewisser Mangel an Logik, nach anderen eine gewisse Laxheit der Gesinnung sollen obwalten. Mögen diese Vorwürfe auch zum Teil zu weit gehen [2]), so zeigen sie doch, daß manche das Empfinden teilen dürften, daß nur von

[1]) Vgl. dazu auch „Der privatwirtschaftliche Gesichtspunkt in der Sozialökonomie und Jurisprudenz" (fünf Aufsätze im 1. Heft von „Die private Unternehmung und ihre Betätigungsform. Sozialökonomische und juristische Abhandlung auf privatwirtschaftlicher Grundlage", herausgegeben von Dr. H. Hoeniger, Dr. R. Liefmann, Dr. P. Mombert, Dr. H. Schönitz und Dr. G. v. Schulze-Gaevernitz — 1914, Verlag J. Bensheimer). — Vgl. ferner Bendix: „Das Problem der Rechtssicherheit. Zur Einführung des Relativismus in die Rechtsanwendungslehre" (Schriften des Vereins „Recht und Wirtschaft" Bd. III, Heft 5).

[2]) Rumpf („Vom Berufe unserer Zeit zur Gesetzgebung" in dem Juli-Heft 1914 der „Tat" — Rechtssondernummer —) hat sich gegen Landsberg gewandt.

einer schärferen gesetzlichen Festlegung von allgemeinen Rechtsprinzipien eine Besserung unserer vielverzweigten Gesetzgebung zu erwarten ist [1]). Diese Rechtsprinzipien müssen so allgemein sein, daß sie auf die mannigfachsten Erscheinungen des sozialen Lebens, insbesondere auch des vielgestaltigen Handelsverkehrs, anwendbar sind. Die Festsetzung solcher allgemeinen Rechtsprinzipien setzt aber eine gewisse Mitwirkung der Philosophie an den Problemen des Rechts, vor allem auch an denen des Strafrechts, voraus. Möchte diese Mitwirkung beziehungsweise Berücksichtigung der Philosophie doch mehr und mehr in den richtigen Grenzen zum Besten unserer gesamten Rechtsentwickelung stattfinden! Rechtsphilosophische Erwägungen sind es vielfach, die zu den Lehren des richtigen Rechts führen. Wie berechtigt letztere sind, ergibt sich aus den zahlreichen von Stammler gebildeten Beispielen [2]).

---

[1]) Otto Bähr, der große, durchaus praktische Jurist, der s. Z. gegenüber dem der Kritik freigegebenen ersten Entwurfe zum Bürgerlichen Gesetzbuch einen hervorragenden Gegenentwurf aufgestellt hat, betrachtete es als Ideal eines Gesetzbuchs, wenn letzteres nur bestimmte Leitsätze enthalten und dem Richter im übrigen nach Möglichkeit Freiheit geben würde. — Das Gegenteil möchte der bayerische I. Staatsanwalt Zeiler („Ein Gerichtshof für bindende Gesetzesauslegung", 1911) herbeiführen. Der Richter soll der Schwierigkeiten der Auslegung durch einen zentralen Auslegungsgerichtshof, einen deutschen Rechtshof, enthoben werden. Das Für und Wider ist in der Fachpresse schon überreichlich erörtert worden. Ein solcher Rechtshof dürfte die wahre, echte Rechtswissenschaft allmählich zum Absterben bringen. Das selbständige Denken würde immer mehr schwinden. Der Richter hätte sich den doch sicherlich durchaus nicht immer irrtumslosen Ansichten des Rechtshofes zu fügen. Eine klägliche Aussicht! Wir leiden jetzt schon an überreichlichem Präjudizienkult.

[2]) Erwähnt sei hier der von Stammler in der Lehre vom richtigen Recht (S. 316 ff.) gelegentlich der Besprechung der so wichtigen sog. Ausschließungsrechte wiedergegebene recht bekannte Fall aus der Zeit Friedrichs des Großen: Der Nachbar des Müllers Arnold hatte oberhalb der Arnold'schen Mühle einen Fischteich angelegt und in einer Weise aus dem Mühlbache gespeist, daß der Arnold'schen Mühle das zum ordentlichen Betriebe nötige Wasser entzogen wurde. Zwecks Wiedererlangung dieses Wassers klagte der Müller gegen seinen Nachbar, erhielt jedoch in keiner Instanz Recht. Das Kammergericht entschied, der beklagte Nachbar habe sich zur Bewässerung des Teiches des Wassers aus dem Bache bedienen dürfen; insofern dies nämlich

Eine andere Frage, bei der Philosophie und Jurisprudenz in nahe Beziehung zu einander treten, ist die nach dem richtigen Kausalitätsbegriffe. Zivilrecht und Strafrecht bedürfen eines solchen; von juristischer Seite hat sich schon eine überreiche Literatur dazu entwickelt [1]).

---

durch seinen Grund und Boden laufe, gehöre es ihm eigentümlich zu, und derjenige tue dem anderen kein Unrecht, der sich des ihm zustehenden Rechtes (vorliegend des Rechtes des Eigentümers, andere von Einwirkungen auf sein Eigentum auszuschließen) bediene. Darob setzte jedoch der alte Fritz die betreffenden Kammergerichtsräte, die nach bester Überzeugung geurteilt hatten, unter Kassation des Urteils auf ein Jahr in Festungshaft, ließ die Fischteichanlagen zerstören und den dem Müller Arnold durch sie entstandenen Schaden aus dem Privatvermögen der Richter ersetzen. — Stammler weist nun nach, daß nicht nach den rein gesetzestechnisch entwickelten starren Begriffen des damaligen Rechts, sondern nach den Grundsätzen des richtigen Rechts über die von ihm näher dargelegten Grenzen der Ausschließungsrechte habe entschieden werden müssen, um zu einem gerechten Urteil zu gelangen. Er schließt dann eine ziemlich scharfe Kritik des Bürgerlichen Gesetzbuchs wegen dessen mangelhafter Stellungnahme zu den Grenzen der Ausschließungsrechte an.

[1]) Vgl. u. a. Horn, „Der Kausalitätsbegriff in der Philosophie und im Strafrecht", ferner Kuhlenbeck in Staudingers Kommentar zum Bürgerl. Gesetzbuch, Vorbemerkungen zu den §§ 249 ff. unter III, sowie die dort aufgeführte Literatur; vgl. aber auch Ruhland, „Die Willensfreiheit und ihre Gegner" (Verlag von Duncker & Humblot in Leipzig). — Unter Kausalzusammenhang im juristischen Sinne ist die Denkbeziehung zu verstehen, die dahin führt, daß eine Tatsache oder eine Summe mehrerer eventuell sich bedingender Tatsachen als hinreichender Grund eines bestimmten Ereignisses aufzufassen ist, an das dann auf Grund eines Rechtssatzes beim Vorliegen dessen sämtlicher übrigen Voraussetzungen eine bestimmte Rechtsfolge geknüpft wird. Die betreffenden einzelnen Tatsachen können unter Umständen auch ein bloßes Unterlassen sein, das dann als Ursache im Rechtssinne auftritt. Denn dem Gesetze liegt der Sprachgebrauch des täglichen Lebens zu Grunde, und in diesem wird das Unterlassen einer erwarteten menschlichen Tätigkeit dann als Ursache einer Erscheinung bezeichnet, wenn sich zwischen ihm und der betreffenden Erscheinung ein berechenbarer und entscheidender Zusammenhang nachweisen läßt, d. h. wenn dargetan werden kann, daß durch das erwartete Tun der rechtlich verpönte Erfolg verhindert worden wäre. So heißt es denn

Es würde über den Rahmen dieser Abhandlung hinausführen, wenn auf Einzelheiten noch näher eingegangen würde. Es möge genügen, auf den engen Zusammenhang grundlegender juristischer Prinzipien und philosophischer Erwägungen hingewiesen zu haben. Dieser Zusammenhang erklärt auch am besten das bei den meisten Menschen obwaltende unbestimmte Gefühl, „daß es mit den Ideen der Einheit, Allgemeingültigkeit und Ewigkeit des Rechts etwas auf sich haben müsse“ [1]). Ein gewisses wissenschaftlich erfaßbares Naturrecht muß anerkannt werden; zum geltenden Recht kann es sich allerdings, wie oben dargelegt, nicht immer eignen. Es muß vielmehr meist aus sozialen Erwägungen heraus erst mannigfache Modifikation erleiden, sich zur Lehre vom „richtigen“, dem

auch in Band 2 der Motive zum Bürgerl. Gesetzbuch S. 727, Abs. 3: „Die widerrechtliche Handlung, welche zum Schadensersatze verpflichtet, kann sowohl in einem Tun als in einem Unterlassen bestehen“. Auch spricht das B. G. B. selbst im § 1875 von „durch Unterlassung verursachten“ Kosten. Es ist allerdings das im allgemeinen Denken vorhandene Element der Erwartung eines anderen Verhaltens für die einzelnen Gesetzesbestimmungen näher zu präzisieren, es ist genau festzustellen, wann die sog. verursachenden Unterlassungen im Sinne der einzelnen Gesetzesbestimmungen relevant sind (vgl. dazu Marx: „Kausalität der Unterlassung und Schadensersatzpflicht aus Unterlassungen nach § 823 B. G. B.“, Berlin 1908, Verlag von Hermann Bahr). Der juristische Kausalitätsbegriff deckt sich also nicht mit dem philosophischen. Trotzdem ist auch letzterer für den Juristen, insbesondere den Strafrichter, von großer Bedeutung. Er kommt bei der Prüfung der Möglichkeit der Willensfreiheit des Menschen in Betracht, die vielfach mit der Behauptung geleugnet wird, daß sie dem Kausalitätsgesetze widerstreite, obwohl doch der freie Wille selbst als hinreichende Ursache auftreten kann. „Die Ursache ist der hinreichende Grund für das Eintreten eines Ereignisses; dieser Grund kann entweder ein notwendig oder ein frei wirkendes Agens sein“ (Gutberlet, „Die Willensfreiheit und ihre Gegner“, 2. Aufl., S. 241). Im übrigen spielt die causa (der Seinsgrund) doch auch bei manchen Einzeltatsachen, Einzelbedingungen im juristischen Kausalzusammenhange, eine Rolle.

[1]) Prolegomena zur Rechtsphilosophie. Allgemeiner Umriß einer Rechtstheorie von einem Landsturmmann (Anonymus). Oldenburg 1915. Verlag von Littmann.

den jeweiligen sozialen Verhältnissen angepaßten Rechte ausbilden. Diese nach den früheren Darlegungen auch für den praktischen Juristen nicht entbehrliche Lehre kann aber nur in wissenschaftlicher Weise betrieben werden; sie hat die evidente Erfassung des jeweils allein richtigen Rechtes zum Ziele.

Druck von Gebr. Schönhoven, Cassel.

FSC
www.fsc.org
MIX
Papier | Fördert
gute Waldnutzung
FSC® C083411

Kolibri 360 GmbH
Ferdinand-Jühlke-Straße 7
99095 Erfurt, Deutschland
produktsicherheit@kolibri360.de